PSICOLOGIA EDUCACIONAL:
Questões contemporâneas

Maria Regina Maluf
Organizadora

PSICOLOGIA EDUCACIONAL:
Questões contemporâneas

Casa do Psicólogo®

1ª Edição
2004

Editores
Ingo Bernd Güntert e Myrian Chinalli

Assistente Editorial
Sheila Cardoso da Silva

Produção Gráfica e Capa
Renata Vieira Nunes

Revisão
Solange Scattolini

Editoração Eletrônica
Valquíria Kloss

Dados Internacionais de Catalogação na Publicação (CIP)
(Câmara Brasileira do Livro, SP, Brasil)

Psicologia educacional: questões contemporâneas / Maria Regina Maluf, organizadora. — São Paulo: Casa do Psicólogo®, 2004.

Vários autores
Bibliografia.
ISBN 85-7396-348-4

1. Educação 2. Pedagogia 3. Psicologia educacional
I. Maluf, Maria Regina.

04-6232 CDD-370.15

Índices para catálogo sistemático:
1. Psicologia educacional 370.15

Impresso no Brasil
Printed in Brazil

Casa do Psicólogo® Livraria e Editora Ltda.
Rua Mourato Coelho, 1.059 – Vila Madalena – 05417-011 – São Paulo/SP – Brasil
Tel.: (11) 3034.3600 – *E-mail:* casadopsicologo@casadopsicologo.com.br
http://www.casadopsicologo.com.br

Sumário

Agradecemos à Fundação Coordenação de Aperfeiçoamento de Pessoal de Nível Superior (CAPES) e ao Comité Français d'Évaluation de la Coopération Universitaire avec le Brésil (COFECUB), o apoio recebido por meio do projeto de cooperação "Desenvolvimento das competências, integração escolar e social de crianças e adolescentes", que vigorou entre os anos 2000 e 2003. Por intermédio desse projeto foram viabilizados intercâmbios de informações científicas, documentações especializadas e várias outras atividades com a participação das equipes brasileira e francesa, bem como de pós-graduandos, abrindo assim novos espaços de formação de recursos humanos na área acadêmica. O projeto foi baseado no Brasil, no Instituto de Psicologia da Universidade de São Paulo, e participaram da equipe brasileira os professores Maria Regina Maluf (coordenadora), Elizabeth Batista Wiese, Maria Isabel da Silva Leme, Maria Thereza Costa Coelho de Souza e Yves de la Taille. Na França, foi baseado no Centre de Recherches em Psychologie Cognition et Communication, de l'Université de Rennes, e participaram da equipe os professores Michel Deleau (coordenador), Daniel Mellier (Université de Rouen), Françoise Bariaud, Gaïd Le Maner-Idrissi, Jean Claude Coulet e Jean Emile Gombert. Este livro é resultado desse projeto de cooperação, pois seus estudos nasceram das oportunidades de intercâmbio e co-autoria geradas entre docentes, mestrandos e doutorandos das equipes participantes.

Apresentação

Maria Regina Maluf

Fazer ciência em nossos dias exige do pesquisador algumas tomadas de posição, nem sempre explícitas, a respeito do modo de conceber o conhecimento em relação com a sociedade. Exige também a compreensão de que suas ações, uma vez entradas no mundo social, na expressão de Morin[1], são arrastadas e chegam por vezes a adquirir sentidos contrários às suas intenções. É nesse mundo social que colocamos a responsabilidade como noção humanística ética, que nos obriga a evitar tanto o isolacionismo quanto o ativismo sem limites. Não certamente uma solução, mas sem dúvida um caminho em direção à ética do conhecimento e da responsabilidade, pode ser encontrado em formas despojadas, honestas e fecundas de colaboração entre indivíduos, grupos e instituições voltados para a produção de conhecimento útil, elucidativo e enriquecedor face aos problemas da sociedade moderna. É nesse quadro que situo a experiência de se fazer parte de equipes que, partindo muitas vezes de um terreno comum pouco explorado, chegam a criar estratégias e fatos voltados para a produção de saberes refletidos e críticos, mais além do armazenamento de informações pouco significati-

1 Edgar Morin (1999). *Ciência com Consciência.* Rio de Janeiro: Bertrand Brasil.

vas, situadas às vezes além dos limites dos espaços de compreensão que só são viabilizados pelas aproximações e compartilhamentos de bases sociais e culturais às vezes extremamente diversificadas.

Os textos oferecidos aos leitores de *Psicologia Educacional: questões comtemporâneas* nasceram de diferentes estratégias de colaboração em torno de temas voltados para a educação de crianças e adolescentes, considerando-os nessa fase da vida em que o desenvolvimento psicológico é ainda mais evidenciado e determinante nas suas atividades físicas e mentais. Nasceram de intercâmbios de diferentes níveis e formas, da superação de conflitos e da criação de novas estratégias. Diferenças culturais foram positivamente enfrentadas e geraram avanços no campo científico e no campo da consciência pessoal e social. Para esta publicação foram escolhidas algumas das questões consideradas relevantes como objeto de pesquisa, ou seja, como passíveis de serem mais bem conhecidas através de procedimentos metodológicos aceitos na comunidade científica dos psicólogos, buscando-se encontrar respostas plausíveis e gerar novas hipóteses verificáveis, em busca de explicações teórica e socialmente fecundas. Elas expressam só parcialmente os resultados de um fecundo projeto de cooperação. Limites de tempo, de afazeres urgentes, de exigências outras, não permitiram uma exposição mais extensa dos produtos gerados pelo projeto de cooperação, sendo esta seleção, portanto, um produto apenas parcial, que sem dúvida somente se tornou possível graças à generosidade e cooperação das equipes implicadas.

O primeiro capítulo trata da *construção da identidade sexuada durante os primeiros anos de vida,* analisando a adesão aos papéis e valores relacionados à sexualidade masculina ou feminina, como base da construção da identidade individual e social. Passando pelos diferentes enfoques teóricos, detem-se na análise da emergência das condutas mais precoces a partir do segundo ano de vida, discutindo aspectos biológicos e sociais, considerando a ação do meio e da atividade estruturante do próprio sujeito em desenvolvimento.

A *teoria da mente,* significando o entendimento que as crianças elaboram a respeito da mente, durante os primeiros anos de vida, é um tema que capta a atenção dos pesquisadores sobretudo a partir dos anos 90, pelo seu potencial explicativo a respeito do desenvolvimento psicológico e suas implicações práticas na educação, em estreita relação com a linguagem. Sua leitura, que recupera estudos brasileiros já realizados na área, pode trazer importantes contribuições para o avanço do conhecimento a respeito da compreensão de estados mentais, particularmente da capacidade de atribuição de falsa crença.

O terceiro capítulo relata os resultados de uma *experiência de intervenção experimental* em crianças pré-escolares, voltada para o desenvolvimento da *consciência fonológica e sua importância facilitadora na aquisição da linguagem escrita.* O estudo apresenta uma revisão de pesquisas que demonstram a relação entre consciência fonológica e alfabetização, através da utilização de estratégias de intervenção. Refere-se à importância de se formar os professores alfabetizadores para a compreensão do papel do desenvolvimento das habilidades metalingüísticas no processo de aprender a ler e escrever.

Ainda em torno da questão da alfabetização, o quarto capítulo explica a importância da *dimensão morfológica nos principais modelos de leitura.* Termina mostrando que o leitor é sensível à estrutura morfológica das palavras que encontra e que a consideração dessa estrutura parece ser um importante facilitador das atividades de processamento do código nos sistemas alfabéticos de leitura e escrita, o que deve incidir nas práticas de ensino da leitura.

O quinto capítulo, que tem como título *Tutoria: resgatando uma antiga estratégia para aprender na escola,* chama a atenção para os diferentes processos de interação social na escola, colocando entre eles a tutoria, cuja história remonta aos filósofos da Antigüidade. Relata os estudos recentes sobre a tutoria, que mostram seus efeitos benéficos para os parceiros, mas particularmente para a criança tutora, enfatizando suas implicações para as práticas educacionais na escola.

O tema da violência na escola é abordado sob o título de *Educação: o rompimento possível do círculo vicioso da violência.* A autora discute, à luz dos resultados de pesquisas recentes, as ações preventivas possíveis no âmbito da educação. Discute as formas violentas de resolução de conflito, a evolução da conduta agressiva, condutas não-violentas e as possibilidades que podem estar disponíveis em espaços educacionais.

No capítulo sétimo, questões relativas à adolescência são abordadas sob o foco da *internet,* perguntando-se pelo seu possível caráter de constituir-se em *um novo espaço para o compartilhamento da intimidade.* Os autores constatam que a internet está oferecendo um novo ambiente no qual os adolescentes podem estar estabelecendo novas formas de comunicação acerca de si mesmos e relatam os resultados de uma pesquisa que revela aspectos inovadores e críticos sobre esse tema tão atual.

A construção da identidade sexuada durante os primeiros anos de vida

*Gaïd Le Maner-Idrissi**
Stéphanie Barbu **
*Maria Regina Maluf****

Como uma criança se torna uma menina ou um menino de sua cultura?

A tomada de consciência de si mesmo como menino ou menina assim como a adesão aos papéis e aos valores relacionados constitui-se em uma das bases da construção da identidade individual e social. Para alguns autores (Lloyd, 1994; Schaffer, 1996) esta dimensão seria a primeira construção da identidade, certamente porque, dentre todas as categorias sociais, os grupos definidos pelo gênero são os que mais se diferenciam.

É na pré-adolescência que se completa o conhecimento a respeito dos traços e dos papéis atribuídos aos homens e às mulheres, mas a partir dos dois anos as crianças já organizam seus comportamentos em função do gênero. Aos 3 anos a criança se reconhece como menino ou menina e se comporta como indivíduo sexuado.

* Doutora em Psicologia pela Universidade de Rennes2, na França, e docente na mesma universidade.

** Doutora em Psicologia e docente em etologia humana na Universidade de Rennes1, na França.

*** Doutora em Psicologia pela Universidade de Louvain (Bélgica), professora titular da Pontifícia Universidade Católica de São Paulo e professora associada do Instituto de Psicologia da Universidade de São Paulo.

Neste capítulo faremos uma exposição sobre os conhecimentos disponíveis que permitem compreender como se dá, ao menos em suas formas iniciais, a construção da identidade sexuada.

A trilogia biologia, sociedade e indivíduo organizará este capítulo.

Trataremos de biologia porque antes de tudo é a formação cromossômica que se encontra na origem da diferenciação dos sexos. Por outro lado, as anomalias genéticas e hormonais permitiram, nos dias atuais, compreender uma parte da complexidade do processo de diferenciação. Aqui só apresentaremos uma breve síntese dos conhecimentos mais recentes. Optamos por interessar-nos mais especificamente pelo papel do meio e pela participação ativa da criança nessa construção. Assim, as atitudes do meio social serão analisadas. Do ponto de vista das representações e das atitudes adotadas a respeito dos meninos e das meninas, veremos que estamos muito longe de um modelo unissexo.

A atividade individual da criança será igualmente considerada. Com efeito, se o bebê nasce em um meio em que as estruturas sociais lhe são pré-existentes, ele deverá por si mesmo estruturar esse meio, construindo significações, tratando a informação e organizando-o. Desse modo o bebê chegará a comportar-se como membro competente de sua cultura.

O determinismo genético

O primeiro dado de identificação é biológico. O determinismo é antes de tudo genético, pois homem e mulher diferem pela composição de um par de cromossomos, os cromossomos sexuais. O sexo da criança é determinado desde a fecundação. Os cromossomos sexuais é que vão, de modo irreversível, orientar o desenvolvimento do sexo corporal de tal modo que se tornará possível atribuir um sexo à criança ao nascer.

Com a passagem do tempo tornou-se claro que a discussão a respeito do inato e adquirido sob uma forma polarizada é estéril, posto que as predisposições genéticas não podem operar no vazio e que o meio deve ter um código genético para agir (Kimura, 2001).

No entanto, as anomalias cromossômicas e/ou hormonais que ocorrem nos diversos estágios do processo complexo de diferenciação permitem as conclusões seguintes:

- Tanto para as meninas quanto para os meninos parece que nenhuma relação pode ser estabelecida entre as anomalias genéticas e a construção do indivíduo. As anomalias identificadas podem ter incidências funcionais (esterilidade, por exemplo), no entanto nenhuma perturbação da identidade sexuada parece estar associada a elas.

- Em contrapartida, quando os órgãos sexuais externos são ambíguos, e isso freqüentemente resulta de uma disfunção hormonal, pode ocorrer que o sexo atribuído ao nascer não se encontre em adequação com o sexo cromossômico. Nesse caso, é o sexo atribuído que tem a prioridade. Efetivamente, a criança desenvolve, geralmente, uma identidade sexuada que está de acordo com o sexo que lhe foi atribuído ao nascer.

- Quando as secreções hormonais são de pequena monta, seu efeito parece ser reduzido. Esse efeito parece consistir essencialmente em predispor os indivíduos atingidos para atividades que são geralmente esperadas de indivíduos do sexo oposto. Estas observações colocam em evidência as relações que existem entre as secreções hormonais e a constituição do sistema nervoso central, que por sua vez induz comportamentos.

Devemos reter destas constatações que aquilo que parece ser determinante na construção da identidade é o sexo assinalado, isto é, o sexo atribuído à criança no seu nascimento. É ele que vai determinar as respostas do meio social, como veremos a seguir.

A teoria da aprendizagem social

A teoria da aprendizagem social atribui prioridade ao papel do meio social que modela a criança e a leva a conformar-se aos papéis sexuados de sua cultura. Esta teoria integra ao mesmo tempo os conceitos fundamentais da teoria clássica da aprendizagem com a da aprendizagem por observação. Inscreve-se na linha dos trabalhos de Bandura (1971) e foi desenvolvida por Mischel (1966).

Nesse enfoque a aprendizagem dos papéis sexuados se efetua segundo as regras que regem toda forma de aprendizagem. Segundo a teoria clássica da aprendizagem, o meio social pressiona a criança a adotar os comportamentos codificados culturalmente e específicos a um ou outro sexo. Essa pressão se efetua sobre a base de reforços positivos e negativos. Assim por exemplo, a menina receberá aprovação se ela se comportar em conformidade com as meninas e as mulheres de sua cultura. Inversamente, ela será reprovada e seus comportamentos serão reforçados negativamente se tentar adotar comportamentos codificados culturalmente como sendo masculinos. Por um processo de generalização, a criança chega então a integrar pouco a pouco os papéis que dela espera o meio social.

Segundo os princípios fundamentais da aprendizagem por observação, a criança vai imitar os modelos. Ela aprende observando seus pais e todos os modelos que lhe são propostos (outros adultos, irmãos, amiguinhos, *media*). Essas diversas observações permitem que a criança progressivamente perceba certos comportamentos como masculinos e outros como femininos. Essa espécie de classificação está fundamentalmente baseada na freqüência de aparecimento dessas condutas em um ou em outro sexo. Paralelamente, a criança toma consciência, progressivamente, de que certas condutas são esperadas e adota por imitação aquelas que ela codificou como apropriadas a seu sexo. Assim, a observação do mundo ambiente e as interações com seu meio social permitem à criança compreender e conformar-se ao que se espera dela.

A maior parte dos trabalhos que se inscrevem nesta perspectiva teórica dizem respeito aos comportamentos de imitação, à atenção seletiva aos modelos e às atitudes diferenciadas adotadas pelo meio social a respeito dos dois sexos. Vamos analisar a seguir os diferentes elementos subjacentes a esta teoria, que repousa sobre a existência de modelos diferenciados, de comportamentos imitativos diferenciados e de atitudes educativas diferenciadas (reforçamentos positivos e negativos).

A existência de modelos diferenciados

Como Powlishtha e outros (2001) analisaram através de vários estudos, existe, apesar da evolução das mentalidades relativas à distribuição das tarefas entre os membros de um casal, uma divisão que permanece relativamente tradicional (Serbin e outros, 1993; Wille, 95). No seio da sociedade, a distribuição de tarefas no trabalho é grandemente assimétrica, os homens ocupando os empregos de maior prestígio (Ruble e Martin, 1998). Por outro lado, os modelos veiculados pelas emissões de televisão e as publicidades que as enquadram são modelos igualmente muito estereotipados (Ruble & Martin, 1998; Hines, M. & Kaufmann, F. R., 1994), e isso ocorre em numerosos paises (Furnham e Mak, 1999). Essa distribuição tradicional de papéis se encontra igualmente nos jogos de vídeo, como mostram estudos de Dietz (1998), em que, em 40% dos jogos, nenhuma mulher aparece. Quando elas estão presentes, possuem freqüentemente um papel de vítima. São apresentadas como heroínas em apenas 15% dos jogos e em 30% deles ocupam um papel passivo (objetos sexuais, espectadoras, auxiliares). Essa mesma dicotomia é encontrada na literatura infantil (Turner-Boxker, 1996). É preciso reconhecer contudo que ela se mostra menos pronunciada em 1989 do que se mostrava em 1972 (Purcell e Stewart, 1990).

Parece, portanto, que apesar da evolução das mentalidades em numerosos países, a distribuição dos papéis masculinos e femininos permanece muito tradicional e fortemente assimétrica. Diante disso, não se pode deixar de reconhecer que as crianças evoluem em um mundo fortemente diferenciado. Contudo, a questão é de saber se tais modelos têm um impacto sobre o comportamento das crianças. Para responder essa questão temos dois elementos de respostas. Os primeiros são relativos aos comportamentos imitativos. E os segundos são relativos aos estudos que tendem a colocar em correspondência as particularidades do meio e as incidências observadas em certos comportamentos da criança.

A existência de comportamentos imitativos diferenciados

Se experiências de laboratório estabeleceram, de modo geral, a importância dos laços afetuosos e gratificantes entre o modelo e o sujeito, não foi demonstrado que a criança imite preferencialmente um modelo do mesmo sexo. A escolha do modelo parece ser bem mais sutil e complexa do que certos estudos sugerem. Se numerosos trabalhos mostram que as crianças são mais inclinadas a imitar os comportamentos adotados por indivíduos do mesmo sexo (Bandura, Ross & Ross, 1963; Bussey & Perry, 1982; Perry & Bussey, 1979), isto não ocorre de modo sistemático. Assim, várias experiências mostram que as crianças não imitam preferencialmente as pessoas de mesmo sexo, mas antes imitam as que são apresentadas como portadoras de poder. Meninos e meninas são assim levados a imitar indivíduos dos dois sexos. Ademais, outros trabalhos mostram igualmente que a imitação depende do caráter apropriado ou não da atividade, do grau de estranhamento da situação. Por outro lado, se comportamentos são semelhantes e se eles estão adequados ao sexo do modelo, parece que a partir dos 3 anos a influência do sexo feminino é mais forte para as crianças dos dois sexos. A partir dos 5 anos as crianças são mais influenciadas pelos modelos adultos e de crianças de seu próprio sexo (Winnykanen, 1990).

Parece que a partir dos 5 anos a criança imita preferencialmente crianças e adultos de seu sexo, sem que isso ocorra de modo sistemático. Outros critérios interferem e podem fazer diminuir ou anular a influência do sexo do modelo. Assim, o fato de que a criança não imita exclusivamente as pessoas do mesmo sexo, acrescido do fato de que aos 3 anos ela é mais sensível aos modelos femininos, constituem argumentos que vão de encontro à idéia de que a criança se torna um indivíduo sexuado somente imitando as pessoas de seu sexo. Outros processos estão implicados nessa construção.

Powlishtha, Sen, Serbin, Poulin-Dubois e Eichstedt (2001) colocaram a questão de saber se a existência de modelos tão estereotipados tinha influência sobre os comportamentos das crianças e suas preferências. Elas efetivamente encontraram um certo número de estudos que estabelecem a existência de correlações entre algumas particularidades do meio e o nível de adesão aos papéis sexuais. Assim, o nível de adesão das crianças aos papéis sexuais parece, ao menos em parte, estar ligado à composição da família (família monoparental ou não); as crianças provenientes de famílias monoparentais adotam condutas menos estereotipadas que as crianças provenientes de famílias biparentais (Brenes, Eisenberg, & Helmstader, 1985). Por outro lado, aquelas que vivem em um meio tradicional quanto à distribuição de papéis, são mais estereotipadas do que aquelas que vivem em famílias menos convencionais nesse aspecto (Weisner, Garnier, & Loucky, 1994). O estatuto das mães que trabalham fora também parece ter implicação: as crianças cujas mães possuem um emprego com estatuto relativamente elevado mostram-se menos tradicionais no que se refere à distribuição dos papéis (Serbin e outros, 1993). O mesmo ocorre com as crianças que evoluem num contexto escolar misto, em que as atitudes são menos estereotipadas (Bianchi & Bakeman, 1978). Parece que o tempo de exposição diante da televisão e o tipo de programas assistidos (Signorella e outros, 1993) também desempenha um papel que não pode ser negligenciado. Assim, as crianças que assistem mais televisão tendem a mostrar mais atitudes estereotipadas a respeito de um e de outro sexo.

Essas pesquisas sugerem que efetivamente a presença de modelos influencia o comportamento das crianças.

Continuemos com nossa análise do papel do meio social abordando os trabalhos que tiveram como objetivo estudar a existência de pressões explícitas da parte do meio próximo, levando a criança a conformar-se aos papéis sexuados.

A existência de pressões para se conformar e de atitudes educativas diferenciadas

Desde o nascimento o sexo é um poderoso organizador das condutas. Ele rege as representações que os adultos têm das crianças de ambos os sexos. O fato de conhecer o sexo de uma criança orienta as atitudes adotadas a respeito da mesma. Essas condutas caracterizam em particular os pais que manifestam comportamentos de diferenciação muito marcantes. As crianças desde seu nascimento vivem em um meio diferenciado de acordo com a dicotomia masculino feminino. Essa diferenciação interfere em diferentes graus, como vamos demonstrar. As pressões exercidas pelo ambiente social constituem sem dúvida nenhuma o tema que suscitou mais trabalhos na esfera da construção da identidade sexuada. Nós selecionamos aqui pesquisas que permitem perceber as diferentes maneiras como podem atualizar-se as pressões para a conformidade. Vamos evocar as expectativas, as representações e as atitudes que os adultos (familiares e não-familiares) adotam a respeito de um e de outro sexo.

Antes do nascimento os futuros pais possuem representações diferenciadas das crianças dos dois sexos (Hoffman, 1975; Rubin, Provenzano & Luria, 1974). A partir do nascimento a percepção, as expectativas e a interpretação das condutas da criança pelos adultos dependem do sexo já conhecido e não do comportamento da criança. Os meninos são vistos como robustos, fortes e vigorosos; as meninas são finas, delicadas e doces, embora se trate às vezes do mesmo bebê.

Os adultos, inclusive aqueles que ainda não são pais ou mães (Condry & Condry, 1976; Fagot, 1985a), encontram-se imersos na evidência absoluta: existe uma repartição das atividades segundo o sexo e isto desde os primeiros instantes da vida. Tais representações diferenciadas permitem antecipar atitudes também diferenciadas, na medida em que esses mesmos adultos serão levados a adotá-las a respeito dos meninos e das meninas, desde o nascimento, conforme se pode observar nos trabalhos referentes às atitudes do meio social.

Nessa área, uma primeira série de trabalhos está voltada para as atitudes diferenciadas dos adultos a respeito de crianças que não são seus filhos. O paradigma mais freqüentemente utilizado baseia-se na observação de brincadeiras entre um adulto e uma criança cuja identidade sexual é oculta (nome; vestimentas) ou revelada. Essas brincadeiras são muitas vezes mediadas por objetos. Nesse caso, o objeto é utilizado como mediador sociocultural que permite estudar as escolhas preferenciais dos adultos e das crianças. Existe efetivamente uma classificação cultural segundo a qual os objetos são "etiquetados" como masculinos, femininos ou neutros (Smith & Lloyd 1978; Seavey, Katz & Zalk, 1975). Suas observações, feitas através de vídeo-gravações, mostraram que os adultos escolhem os objetos que eles propõem às crianças em função do sexo anunciado (nome e vestimentas) e não em função do comportamento. Parece também que as crianças apresentadas como meninos são mais orientadas para jogos físicos que são eles mesmos sem mediação de objetos.

No entanto, outros estudos, utilizando condições experimentais análogas (Bell, Carver, 1980; Lewis, Scully & Condor, 1992) permitem introduzir algumas nuances. Assim, Bell e

Carver (1980) mostram que somente os adultos que acreditam firmemente na existência de diferenças entre os dois sexos iniciam com mais freqüência brincadeiras estereotipadas. Quanto a Lewis e outros (1992), eles mostram que o gênero anunciado sempre tem incidência sobre o tipo de brincadeira iniciada pelos adultos. Eles medeiam preferencialmente as interações com as crianças apresentadas como meninos, utilizando brinquedos masculinos; no entanto, e este é um resultado novo, eles propõem mais objetos femininos às meninas, tanto quando elas lhes foram apresentadas como meninas, quanto quando elas lhes foram apresentadas como meninos. Os resultados deste estudo enfatizam o fato de que meninos e meninas se comportam diferentemente. Isso leva os autores a formularem a hipótese de que são os comportamentos diferenciados dos meninos e das meninas que levam os adultos à adoção de atitudes diferentes a respeito de um sexo ou do outro, mais do que as representações diferenciadas que eles já possuem sobre os dois sexos. Assim por exemplo, os autores observam que as meninas passam mais tempo ao lado da mãe (a qual está presente durante a experiência). Devido a isso, o experimentador privilegia brinquedos mais suaves e mais delicados, que, no caso dessa pesquisa, são os brinquedos femininos, e isto para facilitar um primeiro contato que parece ser menos evidente com as meninas. As explicações dos autores são amplamente hipotéticas, contudo esta pesquisa possui algo de novo: ela não focaliza unicamente as atividades e as escolhas diferenciadas dos adultos, mas antes introduz um elemento novo relativo à atividade espontânea da criança. Por outro lado, uma tal abordagem permite colocar a ênfase na necessidade de levar em conta simultaneamente os componentes comportamentais das crianças e as solicitações dos adultos.

Os estudos que acabam de ser apresentados convidam à generalização. Uma síntese mais ou menos apressada poderia sugerir que as representações e as atitudes dos adultos a respeito das crianças dos dois sexos são muito diferenciadas. Contudo esta tendência à generalização deve admitir nuances. A realidade é bem mais complexa, como alguns dos resultados já obtidos demonstram. Assim, somente os adultos que têm representações diferenciadas muito firmes a respeito de ambos os sexos adotariam atitudes diferenciadas em função do gênero indicado da criança. Por outro lado, os comportamentos da criança parecem orientar, ao menos em parte, os comportamentos dos adultos.

No entanto, estes primeiros resultados ainda são de difícil generalização, na medida em que existem ainda poucos trabalhos que tentam controlar os fatores anteriormente evocados. A grande maioria dos trabalhos realizados sobre esse tema estão voltados exclusivamente para a atividade do adulto que, por isso mesmo, é isolada do contexto interacional.

De todo modo, essas pesquisas mostram que a dimensão sexuada é um organizador poderoso das percepções, das representações e, em certa medida, das atitudes adotadas pela maioria dos adultos, os quais, como se viu, não são os pais das crianças observadas, ou então não são observados na presença dos seus filhos.

Outros autores colocaram a questão de saber se os pais adotam atitudes diferenciadas a respeito dos seus próprios filhos.

Uma revisão da literatura sobre esse tema revela que as atitudes diferenciadas dos pais influenciam essencialmente em dois aspectos:

- No ambiente físico oferecido às crianças.
- Nas atitudes que eles adotam a respeito de seus filhos de um ou de outro sexo.

Os autores que trabalharam sobre o tema do ambiente físico proposto às crianças (Rheingold & Cook, 1975; O'Brien & Huston, 1985; Pomerleau, Malcuit & Malcuit, 1990) chegaram à mesma conclusão: desde a idade de 1 ano, meninos e meninas evoluem em um ambiente físico diferenciado (brincadeiras, hábitat, vestimentas). Primeiramente os pais marcam essa distinção por meio das vestimentas (Shakin, Shakin e Sternglanz, 1985). Por outro lado, antes mesmo das crianças serem capazes de ter preferências, seu ambiente já é específico. As diferenças observadas se reportam diretamente aos estereótipos tradicionais ligados ao gênero. Os tempos mudam, as mentalidades evoluem, contudo o meio ambiente em que vivem os meninos e as meninas permanece muito convencional. A despeito da evolução das mentalidades, a despeito dos propósitos manifestos a favor da igualdade entre os sexos, os universos nos quais evoluem meninos e meninas, desde o nascimento, são ainda amplamente diferenciados. Ademais, as atitudes diferenciadas em função do sexo da criança se atualizam igualmente no caso das interações entre pais e filhos.

Com efeito, as atitudes diferenciadas dos pais a respeito dos meninos e meninas se traduzem de diversas maneiras e se revestem de modalidades diversas. As estimulações precoces, as condutas pró-sociais, as solicitações, as respostas, os jogos, parecem estar fortemente ancorados na identidade sexuada da criança pequena.

Assim, parece que os adultos tocam e carregam mais os meninos, depois do nascimento; mais tarde, por volta dos três meses, as meninas é que parecem ser mais estimuladas (Lewis, 1972; Jacklin & Maccoby, 1974; Parke & Sawin, 1980). Estas diferenças de comportamento a respeito de um ou do outro sexo e estas inversões nas tendências em certas idades seriam reveladoras do interesse dedicado à criança ou poder-se-ia encontrar outra explicação?

Parece importante ver esta situação numa perspectiva interativa. É verdade que o recém-nascido não possui um repertório comportamental muito amplo, contudo ele é capaz de apresentar reações voluntárias. É nessa perspectiva que Moss (1967, 1974) estudou as interações dos pais com o recém-nascido, e os resultados obtidos por ele são particularmente interessantes. Se ele efetivamente sublinhou que os meninos é que são mais tocados por seus pais após o nascimento, também mostrou que os meninos choram mais e dormem menos do que as meninas no decorrer dos três primeiros meses de vida. Por outro lado, os meninos se mostram menos consoláveis, enquanto as meninas se acalmam mais rapidamente e chegam mesmo a se consolarem sozinhas. Por isso a intervenção do adulto chega a ser menos freqüente, porque menos necessária.

Tais elementos de observação devem, portanto, ser integrados na interpretação dos resultados que acabamos de apresentar. Se os meninos são mais carregados no colo, isso acontece provavelmente porque é mais difícil acalmá-los e essa necessidade ocorre mais vezes do que com as meninas. E se é verdade que diferenças comportamentais são observadas nos pais, é porque em parte seus comportamentos se adaptam ao comportamento do bebê.

Por outro lado, parece que é das meninas que os pais solicitam mais condutas pró-sociais (Moss, 1974; Lewis, 1974; Malatesta e outros, 1982) e as mães vocalizam mais com as meninas (Golberg & Lewis, 1969; Halverson & Waldrop, 1974). Parece também que os pais respondem mais às tentativas de interação das meninas (Fagot, 1985). Se os pais solicitam condutas pró-sociais sobretudo das meninas, por outro lado reagem mais às demonstrações físicas dos meninos (Moss, 1967; Maccoby & Jacklin, 1974; Parke & O'Leary, 1976). Entretanto outros trabalhos mostram que esta diferenciação decorre do fato do pai solicitar mais os meninos fisicamente (Power & Parke, 1983; Mac Donald & Parke, 1986; Le Camus, Labrell, Zaouche-Gaudron, 1997), enquanto solicita mais as verbalizações e as interações sociais no caso das meninas (Power & Parke, 1983; Rogé, 1992). Contudo algumas pesquisas mostram que o pai responde mais a um filho do que a uma filha (Fagot & Leinbach, 1987; Lamb, 1981). O pai se mostra também mais punitivo para com os meninos (Snow, Jacklin & Maccoby, 1983; Block, 1983).

Em resumo, apesar da existência de resultados às vezes contraditórios, a maioria dos trabalhos evidencia que para as meninas as condutas mais solicitadas são as pró-sociais, enquanto para os meninos as atividades físicas e motoras são as mais estimuladas e encorajadas. No entanto, devemos ter o cuidado de não ocultar as diferenças que aparecem. Mesmo que o número de pesquisas que mostram que o pai solicita mais as competências sociais dos meninos seja menor, elas nos convidam a adotar uma postura cautelosa sobre essa questão. Ademais, elas tornam mais evidente a complexidade da situação e nos acautelam contra conclusões apressadas. Esses resultados sugerem a necessidade de dar continuidade às pesquisas, buscando o controle de um número maior de variáveis.

O papel dos pais e mães na aprendizagem e na adoção dos papéis sexuais é mais explícito. Numerosas pesquisas revelam que pais e mães, muito precocemente, levam seus filhos a conformar-se com os papéis sexuais de sua cultura. A maior parte dos autores que se interessaram pela construção da identidade sexuada está de acordo em considerar que os brinquedos, os jogos e as atividades das crianças constituem aspectos fundamentais do desenvolvimento da identidade sexuada. Os brinquedos diferenciados segundo o sexo são muitas vezes representações miniaturizadas dos bens adultos. Esse material, que possui fortes componentes prototípicos, permitiria às crianças a realização de jogos de faz-de-conta. São esses jogos que, segundo a maioria dos autores, constituem as primeiras oportunidades que permitem aos meninos e meninas prepararem-se e conformarem-se aos papéis sexuados adultos. Assim, em numerosos trabalhos encontramos os comportamentos estereotipados dos pais e mães relativo às brincadeiras. Os resultados são claros em mostrar que a conformidade às atividades sexuadas é fortemente encorajada (Eisenberg e outros, 1985; Langlois & Down, 1980; Fagot, 1978; Block, 1983). Mais recentemente, em 1991, a meta-análise de Lytton e Rommey (1991), realizada sobre 172 estudos, mostrou que meninos e meninas são tratados de maneira diferente por seus pais e mães e que os pais são mais diferenciadores do que as mães, sobretudo no que diz respeito à disciplina. Eles enfatizam, contudo, que as condutas diferenciadoras são claramente mais marcantes no segundo ano de vida e que depois tendem a diminuir. Esta particularidade é corroborada pelos resultados de outro estudo, realizado por Fagot e Hagan (1991). Finalmente citaremos uma pesquisa feita por Idle, Wood e Desmarais (1993), na qual são estudadas as interações dos pais e mães com seus filhos (cujas idades variam de 27 a 64 meses), mediadas por objetos masculinos, femininos e neutros. Um questionário a respeito das escolhas de objetos a serem priorizados com seus filhos foi aplicado aos pais e mães e mostrou que suas escolhas eram muito bem adequadas aos valores inerentes aos papéis sexuados: eles diziam preferir objetos masculinos para os filhos e brinquedos femininos para as filhas. Contudo, em situações reais de brincadeiras com esses mesmos pais e mães, esse esquema não se mostrou como válido, pois nos momentos de interação as escolhas não se mostraram tão sexuadas: os objetos menos utilizados, tanto para os meninos quanto para as meninas, foram os objetos femininos.

Os resultados obtidos mostram, no seu conjunto, que os pais e mães participam ativamente da adesão dos meninos e meninas aos papéis culturalmente definidos como apropriados. No entanto, parece que pais e mães são mais exigentes a respeito dos meninos. Por outro lado vários trabalhos levam à constatação de que pais, mais do que mães, encorajam os jogos e as escolhas de objetos apropriados ao sexo da criança. Dito isto, a última pesquisa apresentada coloca ênfase na modificação de certos comportamentos dos pais e mães. Ademais, o estudo de Zaouche-Gaudron (1997) introduz uma dimensão diferencial. Ela mostra que os filhos de pais mais "diferenciados" (ou seja, daqueles que diferem mais das mães do ponto de vista da repartição das tarefas e das atitudes educativas) manifestam, aos 20 meses, um interesse mais marcante pelos brinquedos apropriados ao seu sexo. Dito de outra maneira, essas crianças apresentariam, mais cedo do que as outras, um certo nível de conformidade aos papéis sexuados.

Finalmente, é possível retirar desses estudos as seguintes constatações:

- Apesar da existência de certos resultados divergentes, os pais aparecem na maior parte dos estudos como fortemente diferenciadores, e isto ocorre principalmente quando o filho é menino.
- O pai, mais do que a mãe, mostra adesão às normas culturais relativas aos papéis sexuados; ele parece ser, portanto, mais convencional a esse respeito.
- A existência de comportamentos diferenciados por parte de pais e mães não parece ser efetiva ao longo de todo o desenvolvimento da criança. Assim, parece que é no decorrer do segundo ano de vida de seus filhos que os pais e mães se mostram mais diferenciadores a respeito dos comportamentos de seus filhos.

Podemos formular a hipótese de que este período constitui-se num período sensível, do ponto de vista do adulto, para a construção da identidade sexuada. É possível que ulteriormente, quando a criança se confirma como menino ou menina, tais pressões já não sejam consideradas necessárias. É importante levar em consideração o fato de que os comportamentos diferenciadores abrangem realidades diferentes que é preciso distinguir.

Enfocar as interações entre pressões educativas e diferenças comportamentais permite relativizar a importância e a ação determinante de pressões sociais que parecem estar, pelo menos em parte, presentes na atividade espontânea da criança.

Ademais, esse modelo parece ser demasiadamente geral. Com efeito, é o mesmo processo cumulativo observação-imitação que preside toda aquisição. A criança se torna um indivíduo sexuado acumulando imitações. Se um processo como esse pode explicar a instalação de certos comportamentos, ele não permite explicar a instalação da identidade sexuada na sua totalidade. Assim por exemplo, ele não permite explicar a maneira pela qual a criança toma consciência de seu pertencimento a uma das duas categorias de sexo. Além disso a dimensão desenvolvimentista não foi introduzida. Não está sendo levada em consideração a emergência e a evolução das capacidades requeridas para que a criança possa discriminar, categorizar, memorizar e imitar comportamentos.

Tornar-se um indivíduo sexuado é tomar consciência de sua própria identidade, mas é também tomar consciência da existência de duas categorias sociais e de seu pertencimento a uma delas: isto implica por parte da criança uma participação ativa, que abordaremos a seguir.

Os enfoques cognitivos

A partir dos anos 80, assiste-se a uma diminuição das pesquisas sobre a socialização diferenciada e, ao mesmo tempo, a uma centralização sobre a criança e sobre as implicações dos processos cognitivos presentes na socialização. Esse fenômeno se esboçou a partir de 1960 e foi impulsionado pelo surgimento da teoria de Piaget, que colocou a ênfase na atividade individual das crianças. Mais exatamente, pode-se dizer que foi Kohlberg (1966) quem elaborou um modelo específico, destinado a explicar a construção da identidade sexuada inspirando-se na teoria piagetiana. Ele concebe a construção da identidade sexuada como o resultado de uma construção interna, que nasce da atividade individual do sujeito e está vinculada à evolução das capacidades intelectuais. Não basta que a criança compreenda que ela é um menino ou uma menina, de modo imutável, através do tempo e quaisquer que sejam as modificações do contexto. Ela deverá também estabelecer estereótipos ligados aos papéis sexuais e finalmente aderir aos papéis apropriados a sua identidade sexuada. De acordo com esse modelo, os comportamentos sexuados e a aquisição da identidade sexuada se elaboram através de estágios:

1. Identidade de gênero: nesse estágio a criança é capaz de afirmar sua própria identidade de gênero assim como a de outras pessoas.

2. Estabilidade de gênero: a criança considera que a identidade sexuada é uma característica estável no tempo (um menino se tornará um homem e uma menina se tornará uma mulher).

3. Constância de gênero: nesse estágio a criança considera que a identidade sexuada é uma característica estável qualquer que seja o contexto.

As crianças aprendem primeiro a se categorizar como menino ou menina, e isso entre 2 e 3 anos. Entre 3 e 5 anos aprendem a categorizar os outros, apoiando-se sobre suas características físicas (corpulência, roupas, voz). Aos 7 anos a constância de gênero está instalada, isto é, a criança sabe que é um menino ou uma menina de modo definitivo.

Se alguns autores, na linha de Kohlberg, chegaram a demonstrar que existe uma correlação entre o nível de identidade atingido e os comportamentos da criança, numerosos são os outros que, inversamente, não chegaram a essa conclusão. Os resultados destes últimos mostram que a criança adota comportamentos sexuados antes de ter construído categorias conceituais. Segundo eles não há necessidade de que a criança compreenda a constância de gênero para que ela adote comportamentos sexuados; o nível da identidade de gênero (conhecimento de sua identidade sexuada e capacidade de identificar a dos outros) parece ser suficiente. Assim por exemplo, parece que as crianças mostram claramente suas preferências por brinquedos apropriados ao seu sexo, antes de serem capazes de classificar ou categorizar os objetos apresentados em função do sexo. Existe uma defasagem temporal entre o aparecimento dos comportamentos sexuados e o surgimento do conhecimento dos papéis sexuados.

Mais tarde, a partir de 1980, as teorias cognitivas dominaram o campo de estudo da identidade sexuada. Assim, Martin e Halverson (1981) propuseram a noção de esquema de gênero. O esquema é definido como sendo "*uma teoria ingênua que estrutura as experiências, regula as condutas e procura uma base para estabelecer inferências e interpretações*". O esquema permite organizar e memorizar as experiências a partir das quais o sujeito vai poder efetuar generalizações. A partir de então, essas generalizações vão guiar a criança na compreensão, na estruturação do mundo ambiente, na seleção de indicadores e na estocagem das informações ulteriores. O esquema de gênero se subdivide em dois esquemas específicos :

- O primeiro é do tipo *in-group/out group* (pertencimento ou não-pertencimento ao grupo-sexo). É um esquema geral que permite ao sujeito classificar as condutas, os traços, os objetos e os papéis como sendo femininos ou masculinos. Por exemplo, as meninas brincam com bonecas e os meninos com carrinhos.

- O segundo esquema, construído em articulação com o primeiro, é do tipo *own-sex schema* (aplicação a si mesmo de um esquema de gênero). Ele permite à criança adotar as condutas pertinentes em função de seu pertencimento a uma ou a outra categoria de sexo. Assim, retomando o exemplo anterior, se a criança é um menino, a aplicação dos conhecimentos, estruturados de acordo com o primeiro esquema, o fará raciocinar assim: " Os meninos não brincam de boneca, eu sou um menino, portanto eu não brinco de boneca ".

Apropriação da identidade sexuada

Se o conhecimento total dos traços e papéis atribuídos aos homens e mulheres não se completa antes do final da pré-adolescência (Williams, Benett & Best, 1975), bem antes deste período as crianças manifestam, através de suas atividades práticas e de suas representações verbais, um conhecimento da representação masculino/feminino, dos papéis apropriados e, ao menos em parte, organizam suas condutas em função desse conhecimento dos papéis atribuídos aos homens e mulheres. A maior parte dos autores concorda em considerar que a criança comporta-se como indivíduo sexuado de sua cultura no decorrer do terceiro ano de vida. Ela se reconhece como menino ou menina, adere aos papéis instituídos culturalmente e possui conhecimentos rudimentares relativos à dicotomia masculino e feminino.

Tornar-se um menino ou menina de sua cultura supõe, da parte da criança, o domínio de um conjunto de conhecimentos que ela deverá articular. Com efeito, conhecer-se como indivíduo sexuado implica que a criança seja capaz de diferenciar e identificar as duas categorias, que ela tome consciência de seu pertencimento a uma das duas categorias, que ela tome consciência dos códigos impostos pela cultura e que ela privilegie as condutas consideradas culturalmente apropriadas. Vamos analisar agora a emergência e a gênese desses pré-requisitos.

Diferenciação e identificação dos dois sexos

Um dos pré-requisitos necessários para o estabelecimento dos papéis diz respeito à capacidade da criança para estruturar seu ambiente em função da categorização masculino/feminino, para identificar as pessoas de uma e outra categoria e para se posicionar em relação a essas categorias sociais que lhe são pré-existentes.

A maioria dos trabalhos estabelece que a partir dos 24 meses a criança é capaz de identificar verbalmente as pessoas das duas categorias (Thompson, 1975; Weinraub e outros, 1984; para uma revisão da questão: Golombock e Fivush, 1994; Le Maner-Idrissi, 1997). A partir dos últimos dez anos as técnicas de observação da criança pequena modificaram-se consideravelmente e o uso de procedimentos mais sofisticados e mais adaptados às capacidades cognitivas da criança pequena permitiram colocar em evidência a existência de conhecimentos precoces que emergem no decorrer do primeiro ano de vida.

Assim, parece que já com 2 meses de vida as crianças diferenciam as vozes de homens e de mulheres (Jusczyk, Pisoni, & Mullenix, 1992). Aos 6 meses eles respondem de maneira diferenciada às vozes femininas e às vozes masculinas (Miller, Younger, & Morse, 1982). Quanto à capacidade de discriminar rostos, os trabalhos estabeleceram que a partir dos 5 meses as crianças conseguem diferenciar fotografias dos dois sexos (Fagan & Singer, 1979; Fagan & Sheperd, 1982; Leinbach & Fagot, 1993).

Outros estudos relativos às capacidades precoces de transferência intermodal permitem mostrar as capacidades da criança pequena para colocar em relação informações sensoriais de origem diferente. Assim, aos 9 meses meninos e meninas chegam a associar de maneira apropriada as vozes femininas com fotografias de mulheres (Poulin-Dubois e outros, 1994). A partir de 18 meses, elas chegam a associar as vozes masculinas a fotografias de homens (Poulin-Dubois, Serbin & Derbyshire, 1998). Nessa idade, meninos e meninas também chegam a associar o gênero com fotografias de crianças. Nesta experiência, o procedimento consiste em fazer a criança ouvir "onde está o menino/a menina ?" e depois "olha o menino/a menina!" e estudar a orientação de seu olhar em direção à fotografia de uma menina ou de um menino. Por outro lado, se esta experiência é realizada com fotografias de adultos (homem/mulher), somente as meninas conseguem, a partir de 18 meses, associar o gênero e as fotografias apresentadas.

Estas experiências mostram que, a partir da metade do segundo ano de vida, as crianças são capazes de ir mais além de uma simples discriminação perceptiva: elas chegam a associar a essas categorias sociais algumas de suas características como a voz ou o gênero.

Conhecimento de si como menino ou menina

No que se refere à capacidade de identificar-se, a maioria dos trabalhos sugere que as crianças são capazes de identificar sua categoria de pertencimento entre 24 e 36 meses. Quando a seguinte questão é colocada para as crianças (Fagot, 1985): " Você é um menino ou uma menina ? ", os resultados indicam que entre 18 e 24 meses somente 10% das crianças chegam a responder bem à pergunta. Aos 26 meses as crianças, em sua grande maioria (73%), mostram-se capazes de precisar verbalmente seu grupo de pertencimento (Weinraub e outros, 1984) e aos 36 meses quase a totalidade da amostra (90%) chega a essa resposta. A identificação verbal não se constitui como o único elemento revelador de um primeiro nível de tomada de consciência de si como indivíduo sexuado.

Langlois (1991) constata que a partir dos 6 meses a criança observa mais os adultos de seu próprio sexo. Lewis e Brooks (1975) mostram que desde os 12 meses as crianças dos dois sexos olham de maneira mais contínua as fotografias de crianças do seu próprio sexo.

A atenção preferencial dá testemunho não só da existência de capacidades de diferenciar e de identificar os dois sexos, mas também de que a criança conhece e valoriza seu próprio sexo.

Diferenciação e adesão aos papéis sexuados

A identificação das duas categorias sociais de sexo assim como a atribuição pela criança de seu pertencimento a uma dessas duas categorias não constituem senão um dos aspectos da construção da identidade sexuada. Um outro aspecto é o que se refere ao conhecimento e atribuição de papéis, de *status* e de valores que são culturalmente considerados sexuados. Os papéis sexuais se atualizam de maneiras diversas e estão visivelmente ligados à idade dos sujeitos das pesquisas. Assim, o estudo dos papéis sexuados dos adultos refere-se essencialmente à distribuição de tarefas (costurar ou consertar um carro), às roupas (saia ou gravata) e aos acessórios (batom ou barbeador). O estudo dos papéis sexuados das crianças refere-se, sobretudo, a um dos aspectos essenciais da cultura infantil: os brinquedos.

No que diz respeito aos papéis sexuados dos adultos, parece que quando se pede às crianças que classifiquem fotografias, um primeiro nível de sensibilização referente às categorias masculino/feminino já existe aos 26 meses (Thompson, 1975). Nessa idade as crianças obtiveram numa prova de classificação 61% de respostas corretas. Esses conhecimentos não se encontram completamente dominados antes dos 36 meses (Weinraub e outros, 1984). No entanto, é preciso observar que as provas utilizadas faziam apelo a capacidades de categorização da criança que nessa idade ainda não estão disponíveis. A categoria sexo, tomada como categoria conceitual, não existe aos 26 meses de idade ou não se encontra suficientemente elaborada para que a criança possa realizar uma tarefa de classificação. Assim, parece ser possível que o nível de conhecimento das crianças esteja sendo sub-avaliado.

Da mesma maneira, quando os autores avaliam os conhecimentos que as crianças têm da distribuição dos brinquedos, segundo a dicotomia masculino/feminino (Perry e outros, 1984, Tap, 1985), os resultados sugerem que é preciso esperar 3 anos para que a criança esteja em condições de expressar seus conhecimentos relativos aos papéis sexuados. No entanto, quando são utilizados procedimentos de avaliação mais apropriados às características da criança pequena, observa-se que desde os 24 meses se manifestam formas elementares de conhecimentos relativos aos estereótipos em questão. Alguns autores (Powlishta e outros, 2001) mostram que as crianças observam por mais tempo fotografias que não estão de acordo com normas culturais (exemplo: fotografia de um homem se maquiando ou arrumando a cozinha). Por outro lado, alguns trabalhos mostram que por volta dos 20 meses as crianças começam a manifestar preferências por objetos apropriados ao seu sexo e a rejeitar ou ao menos ignorar aqueles que não o são; estas tendências afirmam-se muito no decorrer do terceiro ano de vida (Caldera e outros, 1989; Fein e outros, 1975; Hines & Kaufman, 1994; Lloyd e outros, 1988 ; O'Brien & Huston, 1985; Le Maner-Idrissi, 1996; Servin, Bohlin, & Berlin, 1999). Utilizando-se a atenção visual como indicador comportamental, observa-se que as crianças manifestam, a partir dos 18 meses uma atenção preferencial por objetos que lhes são culturalmente apropriados (Serbin, Poulin-Dubois, Colburne, Sen & Eichstedt, 2001).

Manifestar preferências significa, por parte da criança, ser capaz de categorizar os objetos e ser igualmente capaz, em um contexto novo, de fazer uma seleção entre objetos apresentados, sempre em referência às informações que ela memorizou anteriormente.

Parece que além de fazer distinção entre os dois sexos e entre as diferentes categorias de brinquedos, a criança pequena valoriza muito precocemente os comportamentos apropriados à sua categoria de pertencimento sexuada.

No decorrer do terceiro ano, as crianças expressam, também de maneira explícita, seus conhecimentos, privilegiando as interações com parceiros do mesmo sexo. Essa preferência por parceiros do mesmo sexo surge por volta do fim do segundo ano de vida nas meninas e no fim do terceiro ano de vida nos meninos (La Frénière e outros, 1984; Legault & Strayer, 1991). Durante o período pré-escolar, as crianças passam cada vez mais tempo em grupos de jogos unissexuados (Maccoby, 1988).

Se as crianças conhecem e valorizam seu próprio sexo, o que as leva progressivamente a buscar parceiros do mesmo sexo, esses conhecimentos vão ser reforçados por suas experiências sociais com seus pares (Barbu, Le Maner Idrissi, & Jouanjean, 2000). Numerosos trabalhos mostram que com um parceiro do mesmo sexo as interações sociais são mais freqüentes, as iniciativas obtêm mais respostas e o jogo é mais cooperativo. Contrariamente, brincar com parceiros do sexo oposto produz relações mais passivas, maiores dificuldades nas escolhas de objetos e mais conflitos (Jacklin & Maccoby, 1978; Le Maner Idrissi & Deleau, 1995; Serbin e outros, 1994). Os grupos de brincadeiras unissexuados aparecem portanto como mais atraentes e estimulantes para as crianças, o que as leva a privilegiar esse contexto social. Esse nível de coordenação social parece ser favorecido principalmente por uma grande compatibilidade comportamental, nas atividades de jogo e nas condutas sociais entre parceiros do mesmo sexo (Jacklin & Maccoby, 1978). Por outro lado, diferenças nos estilos interativos, coercitivos para os meninos e pró-social para as meninas, produzem dificuldades de ajustamento entre as meninas e os meninos nas interações mistas. Com efeito, as condutas pró-sociais são mais freqüentemente observadas entre meninas, enquanto os comportamentos mais movimentados, como as agressões, são mais observados entre os meninos (Howes, 1988; Legault & Strayer, 1991; Schneider e outros, 1993). Os meninos também passam um tempo mais longo em jogos solitários ou paralelos, enquanto as atividades das meninas são mais associativas e estruturadas, sobretudo graças à elaboração de regras e à linguagem (Zazzo, 1993). O desenvolvimento de diferenças sexuadas nas competências sociais individuais ocorre no quadro de uma diferença ainda mais fundamental no funcionamento social das meninas e dos meninos: estabelecer e manter as relações sociais para as meninas e a posição social no grupo para os meninos (Leaper, 1991). Sobretudo as meninas privilegiam as interações diádicas, enquanto os meninos evoluem em grupos mais amplos (Schneider e outros, 1993) e também se mostram mais interessados na dominação e na competição (Stoneman e outros, 1984). Contudo a competição e dominação também aparecem nos grupos de meninas, do mesmo modo como a cooperação aparece entre os meninos, porém os recursos e estratégias colocados em ação mostram-se diferentes (Charlesworth & Dzur, 1987; Crick e outros, 1997).

O desenvolvimento da segregação sexual contribui assim para o surgimento de contextos de socialização diferentes para as meninas e os meninos, que exercem impacto importante sobre a construção de suas respectivas competências sociais bem como sobre a elaboração dos papéis sexuados (Maccoby, 1990; Leaper, 1994). Também foi observado que quanto mais as crianças passam o tempo com parceiros do mesmo sexo, mais seus comportamentos se mostram diferenciados (Martin & Fabes, 2001). Assim, estes estudos permitem verificar em que medida as crianças dos dois sexos, mesmo colocadas em uma mesma classe e participando de numerosas atividades comuns, de fato evoluem em meios sociais diferentes, construindo um universo de atividades próprias a cada sexo (Maccoby, 1988; 1990). A intervenção dos educadores para favorecer as interações sociais mistas permite certamente o aumento e a diversificação das experiências sociais das crianças, mas não reduz este fenômeno de segregação sexual (Serbin e outros, 1977). Se alguns pesquisadores conseguiram sublinhar os efeitos benéficos da segregação sexual sobre os níveis de coordenação social, de complexidade das trocas e de cooperação (Serbin e outros, 1994), outros, em contrapartida, mencionam sobretudo os aspectos considerados problemáticos, como a redução da diversidade dos modelos e das experiências sociais, ou mesmo a acentuação das diferenças sexuadas particularmente em meio escolar (Leaper, 1994).

Uma tal precocidade na emergência destas condutas diferenciadas indica, segundo já mostrado por numerosos autores, e como nós já sugerimos ao introduzir o tema, que as categorias de sexo estão sem dúvida entre as categorias sociais mais precocemente percebidas e construídas pela criança, sem dúvida porque, dentre todas as categorias sociais, elas são as que mais se destacam (Lloyd, 1994; Schaffer, 1996; Powlishtha e outros, 2001).

Conclusão

Se o determinismo biológico é o primeiro, ele parece no entanto não estar diretamente implicado na construção da identidade sexuada. O estudo das anomalias cromossômicas e das disfunções hormonais estabeleceu que o cromossomo Y não é indispensável para a determinação da identidade masculina, do mesmo modo que o par de cromossomos XX não o é para a construção da identidade sexuada feminina. É o sexo corporal (os órgãos genitais externos) que parece ser determinante nesta construção. A partir da aparência dos órgãos genitais externos o bebê será identificado como menino ou menina. Em seguida, a maior parte dos trabalhos examinados mostra que, do ponto de vista das atitudes educativas, nós estamos nos dias de hoje ainda bastante distantes de um modelo unissexo, e isto apesar da evolução das mentalidades. Tais atitudes educativas refletem os estereótipos existentes, os valores e os papéis associados a cada uma das duas categorias sociais de gênero, mas também, em certa medida, as diferenças comportamentais verificadas entre meninos e meninas. Contudo, se a tendência geral nos faz perceber as atitudes diferenciadas, é conveniente estabelecer certas nuances. Alguns trabalhos minimizam, ao menos em parte, o caráter normativo das atitudes diferenciadas adotadas a respeito de um ou do outro sexo. Por exemplo, nem todos os pais são igualmente exigentes quanto à adesão aos papéis sexuados. Para sermos mais precisos, lembramos que estudos revelam que o nível de conformidade das crianças aos papéis sexuados está ligado às atitudes educativas dos pais e mães. Além disso, as pressões para se conformarem parecem atingir um nível particularmente elevado no decorrer do segundo ano e diminuir em seguida.

As atitudes educativas parecem ser igualmente dependentes da atividade própria da criança, que chega a modificar certas condutas do adulto. Assim, se é verdade que existem, por parte do meio social, pressões muito explícitas que orientam as condutas da criança na direção da adesão aos papéis sexuados, a sua atividade também está amplamente implicada. Por outro lado, não se trata de reduzir a construção da identidade sexuada à conformidade com os papéis instituídos socialmente.

A criança deverá determinar-se e tomar consciência de seu pertencimento a uma ou outra dessas categorias sociais. Antes do fim do primeiro ano de vida, a criança é capaz de categorizar seu meio, de acumular e memorizar informações, de imitar condutas e de integrar as pressões à conformidade que emanam do ambiente. São esses conhecimentos, de origens diversas, que são constituintes de uma organização cognitiva subjacente, do tipo esquema de gênero, que permitem que a criança, desde muito cedo, se comporte como um membro competente de sua cultura.

Concluindo, no quadro da construção da identidade sexuada, como em toda construção psicológica, é inútil querer isolar a parte que corresponde ao inato daquela que corresponde ao adquirido. Tornar-se uma menina ou um menino de sua cultura é o resultado da ação conjugada dos fatores biológicos, da ação do meio e da atividade estruturante do sujeito. Uma tal concepção integradora se impõe, mas é preciso matizá-la. Uma orientação diferencial emerge dos trabalhos mais recentes. Esta orientação é dupla: a interação entre os diferentes fatores implicados na construção da identidade sexuada deve ser encarada diferentemente em função dos períodos de desenvolvimento, ademais, os perfis diferentes de desenvolvimento se manifestam, as crianças se comportam em graus diferentes como meninas ou meninos.

Referências

Bandura, A. (1971). *Social Learning Theory*. Morristown, General Learning Press.

Bandura, A., Ross, D., & Ross, S. (1963). Vicarious reinforcement and imitative learning. *Journal of Abnormal and Social Psychology*, 67, 601-667.

Barbu, S., Le Maner-Idrissi, G., & Jouanjean, A. (2000). The emergence of gender segregation: Towards an integrative perspective. *Current Psychology Letters: Behaviour, Brain & Cognition*, 3, 7-18.

Bell, N. J., & Carver, W. (1980). A revaluation of gender label effects: Expectant mothers' responses to infant. *Child Development*, 51, 925-927.

Bianchi, B. D., & Bakeman, R. (1978). Sex-typed affiliation preferences observed in preschoolers: Traditional and open school differences. *Child Development*, 49, 910-912.

Brenes, M. E., Eisenberg, N., & Helmstader, G. C. (1985). Sex role development of preschoolers from two-parent and one-parent families. *Merrill-Palmer Quarterly*, 31 (1), 33-46.

Block, J. H. (1983). Differential premises arising from differential socialization of the sexes: Some conjectures. *Child Development*, 54, 1335-1354.

Bussey, K., & Perry, D. G. (1982). Same-sex imitation: the avoidance of cross-sex models or the acceptance of same-sex models? *Sex Roles*, 8, 773-785.

Caldera, Y. M., Huston, A. C., & O'Brien, M. (1989). Social interaction and plays patterns of parents and toddlers with feminine masculine and neutral toys. *Child Development*, 60, 70-76.

Charlesworth, W. R. & Dzur, C. (1987). Gender comparisons of preschoolers' behaviour and resource utilization in-group problem solving. *Child Development*, 58, 191-200.

Condry, J., & Condry, S. (1976). Sex differences: A study of the eye of the beholder. *Child Development*, 47, 812-819.

Crick, N. R., Casas, J. F., & Mosher, M. (1997). Relational and overt aggression in preschool. *Developmental Psychology*, 33, 579-588.

Dietz, T. (1998). An examination of violence and gender role portrayals in videogames: Implications for gender. *Sex Roles*, 38, 425-442.

Eisenberg, N., Woldnick, A. A., Hernandez., R., & Pasternack, J. F. (1985). Parental socialization of young children's play: A short-term longitudinal study. *Child Development*, 56, 1506-1513.

Fagan, J. F., & Sheperd P.A. (1982). Theoretical issues in the early development of visual perception, in M. Mewis, & L. Taft (Eds). *Developmental disabilities: Theory, assessment and intervention*. New York: S. P. Medical and Scientific Books.

Fagan, J. F., & Singer, L. T. (1979). The role of simple feature differences in infant recognition of faces. *Infant Behavior and Development*, 2, 39-45.

Fagot, B. I. (1985a). Changes in thinking about early sex-role development. *Developmental Psychology*, 21, 1097-1 104.

Fagot, B. I. (1985). Consequences of moderate cross-gender behaviour in preschool children. *Child Development*, 48, 902-916.

Fagot, B. I. (1978). The influence of sex of child on parental reactions to toddler children; *Child Development*, 49, 459-465.

Fagot, B. I., & Hagan, R. (1991). Observation of parents' reactions to sex-stereotyped behaviours. *Child Development*, 62, 617-628.

Fagot, B. I., & Leinbach, M. D. (1985). Gender identity: Some though on an old concept. *American Academy of Child Psychiatry*, 24, 6, 617-628.

Fein, G., Johnson, D., Kosson, N., Stork, L., & Wasserman, L. (1975). Sex stereotypes and preferences in the toys choices of 20 months old boys and girls. *Developmental Psychology*, 17 (4), 527-528.

Furnham, A., & Mak, T. (1999). Sex role stereotyping in television commercials: a review and comparison of fourteen studies done on five continents over 25 years. *Sex Roles*, 41, 413-437.

Golberg, S., Lewis, M. (1969). Play behaviour in the year old: Early sex differences. *Child Development*, 40, 21-31.

Golombock, S., & Fivush, R. (1994). *Gender Development.* Cambridge, Cambridge University Press.

Halverson, C.F., & Waldrop, M. F. (1974). Relations between preschool barrier behavior and early school-age measures of coping: Imagination and verbal development. *Developmental Psychology*, 10, 716-720.

Hines, M., & Kaufman, F. R. (1994). Androgens and the development of human sex-typical behaviour; rough-and-tumble play and sex preferred playmates in children with congenital adrenal hyperplasia (CAH). *Child Development*, 65, 1042-1053.

Howes, C. (1988). Same and cross-sex friends: Implications for interaction and social skills. *Early Childhood Research Quarterly*, 3, 21-37.

Hoffman, L. W. (1975). The value of children to parents and the decrease in family size. *Proceedings of the American Philosophical society*, 119, 430-438.

Idle, T., Wood, E., & Desmarais, S. (1993). Gender role socialization in toy play situations: Mothers and fathers with their sons and daughters. *Sex Roles*, vol.28, 11/12, 679-691.

Jacklin, C. N., & Maccoby, E. E. (1978). Social behavior at thirty-three months in same-sex and mixed-sex dyads. *Child Development*, 49, 557-569.

Jusczyk, P. W.., Pisoni, D. B., & Mullennix, J. (1992). Some consequences of stimulus variability on speech processing by 2-month-old infants. *Cognition*, 43, 253-291.

Kimura, D. (2001). *Cerveau d'homme, cerveau de femme?*. Odile Jacob, Paris.

Kohlberg, L. (1966). A cognitive developmental analysis of children's sex-role concepts and attitudes. In E. E. Maccoby (Ed.), *The development of sex differences* (82-173). Standford, CA: Stanford University Press.

La Frenière, P., Strayer, F. F., & Gauthier, R. (1984). The emergence of same-sex affiliative preferences among preschool peers: A developmental-ethological perspective. *Child Development*, 55, 1958-1965.

Lamb, M. E. (1981). The development of father-infant relationships. In: M. E. Lamb (Ed.), *The role of the father in child development* (Rev.ed. 459-488). New York: Wiley.

Langlois, J. H., Ritter, J. M., Roggman, LM., & Vaugh, L.S. (1991). Facial diversity and infant preferences for attractive faces. *Developmental Psychology*, 27, 79-84.

Langlois, J. H., & Downs, A. C. (1980). Mothers, fathers and peers as socialization agents of sex-typed play behaviours in young children. *Child Development*, 51, 1217-1247.

Le Camus, J., Labrell, F., Zaouche-Gaudron, C. (1997). *Le rôle du père dans le développement du jeune enfant*. Paris, Nathan, coll "Fac".

Le Maner, G., & Deleau, M. (1995). Choix d'objets et interactions entre pairs: comportements révélateurs d'un schéma de genre à 24 mois? *Enfance*, 4, 417-434.

Le Maner-Idrissi, G. (1996). An internal gender-system at 24 months. *European Journal of Psychology of Education*, vol. XI (3), 301-312.

Le Maner-Idrissi, G. (1997). *L'identité sexuée*. Paris: Dunod.

Leaper, C. (1991). Influence and involvement in children's discourse: Age, gender, and partner effects. *Child Development*, 62, 797-811.

Leaper, C. (1994). Exploring the consequences of gender segregation on social relationships, in C. Leaper (Ed.), *Childhood gender segregation: Causes and consequences*, pp. 67-86. New Directions for Child Development, 65, San Francisco: Jossey-Bass.

Legault, F., & Strayer, F. F. (1991). Genèse de la ségrégation sexuelle et différences comportementales chez les enfants d'âge prescolaire. *Behaviour*, 119, 3-4, 285-301.

Leinbach, M. D., & Fagot, B. I. (1993). Categorical habituation to male and female faces: Gender schematic processing in infancy. *Infant Behavior and Development*, 16, 317-332.

Lewis, M. (1974). State as an infant-environment interaction: An analysis of mother-infant interaction as a function of sex. *Merrill-Palmer Quarterly*, 20, 195-204.

Lewis, M., & Brooks, J. (1975). Infant's responses to strangers: midget, adult and child. *Child Development*, 47, 323-333.

Lewis, C., Scully, D., & Condor, S. (1992). Sex stereotyping of infants: A re-examination. *Journal of Reproductive and Infant Psychology*, 10, 53-63.

Lloyd, B. (1994). Différences entre sexes. In: S. Moscovici (Eds.), *Psychologie sociale des relations à autrui*. Paris: Nathan.

Lloyd, B., Duveen, G., & Smith, C. (1988). Social representations of gender and young children's play: A replication. *British Journal of Developmental Psychology*, 6, 83-88.

Lytton, H., & Romney, D. M. (1991). Parents differential socialization of boys and girls: A meta-analysis. *Psychological Bulletin*, 109, 2, 267 -296.

Maccoby, E. E. (1990). Gender and relationships. A developmental account. American Psychologist, 45, 4, 513-520.

Maccoby, E. E. (1988). Gender as a social category. *Developmental Psychology*, 24, 6, 755-765.

Maccoby, E. E., & Jacklin, C. N. (1974). *The psychology of sex differences*. Stanford, California, Stanford University Press.

Malatesta, C. Z., & Haviland, J. M. (1982). Learning display rules: the socialization of emotion expression in infancy. *Child Development*, 53, 991-1003.

Martin, C. L. & Fabes, R. A. (2001). The stability and consequences of young children's same-sex peer interactions. *Developmental Psychology*, 37, 3, 431-446.

Miller, C. L., Younger, B. A., & Morse, P. A. (1982). The categorization of male and female voices in infancy. *Infant Behavior and Development*, 5, 143-159.

Mischel, W. (1966). A social-learning view of sex-differences in behaviour. In: E. E. Maccoby (Ed.), *The Development of Sex Differences* (82-173). Standford, CA: Stanford University Press.

Moss, H. A. (1967). Sex, age and state as determinants of mother-infant interaction. *Merrill-Palmer Quarterly*, 13, 19-36.

Moss, H. A. (1974). Early sex differences and mother-infant interaction. In R.C. Friedman, R. M. Richard, & Vande wizlz (Eds), *Sex Differences in Behaviour*. New York: Wiley.

O'Brien, M., & Huston, A.C. (1985). Development of sex-typed play behaviour in toddlers. *Developmental Psychology*, 21 (5), 866-871.

Parke, R. D., & Sawin, D. B. (1976). The family in early infancy: social interactional and attitudinal analyses. In F. Pedersen (Ed.), *The father-infant relationship: Observational studies in a family context.* New York: Praeger.

Perry, D. G., & Bussey, K. (1979). The social learning theory of sex differences: Imitation is alive and well. *Journal of Personality and Social Psychology*, 37, 1699-1722.

Perry, D. G., White, A. J., & Perry, L. C. (1984). Does early sex typing result from children's attempts to match their behavior to sex role stereotypes? *Child Development*, 55, 2114-2121.

Pomerleau, A., Bolduc., D., Malcuit, G., & Cossette, L. (1990). Pink or blue: Environnemental gender stereotypes in the first two-year of life. *Sex Roles*, Vol. 22, N°5/6.

Poulin-Dubois, D., Serbin, L. A., Derbyshire, A. (1998). Toddlers' intermodal and verbal knowledge about gender. *Merrill-Palmer Quarterly*, 44, 338-354.

Poulin-Dubois, D., Serbin, L. A., Kenyon, B., & Derbyshire, A. (1994). Infant's intermodal knowledge about gender. *Developmental Psychology*, 30, 436-442.

Power, T. G., & Parke, R. D. (1983). Patterns of mother and father play with their 8-month old infants: A multiple analysis approach. *Infant Behaviour and Development*, 6, 453-459.

Powlishta, K. K., Sen, M. G., Serbin, L. A., Poulain-Dubois, D., & Eichstedt, J.A. (2001). From Infancy Through Middle Childhood: The role of cognitive and social factors in becoming gendered. In R.K. Unger (Ed). *Handbook of the Psychology of Women and Gender*. New York: J. Wiley.

Purcell, P., & Stewart, L. (1990). Dick and Jane in 1989. *Sex Roles*, 22, 177-185.

Rheingold, H. L., & Cook, K. V. (1975). The content of boys' and girls' room as an index of parents' behaviour. *Child Development*, 46, 459-463.

Roge, B. (1992). *La différenciation sexuelle et les communications non-verbales*. Thèse de Doctorat d'Etat. Université Paris VIII.

Ruble, D. N., & Martin, C. L. (1998). Gender Development. In: W. Damon (Series Ed.) & N. eisenberg (Vol. Ed.), *Handbook of child Psychology: Vol. 3. Social, emotional, and personality development* (5th ed., 933-1016). New York: Wiley.

Rubin, J. Z., Provenzano, F. J., & Luria, Z. The eye of the beholder: Parents' views on sex of newborns. *American Journal of Orthopsychiatry*, 44, 512-519.

Seavey, A. A., Katz, P. A., & Zalk, S. R. (1975). Baby X: The effect of gender labels on adult responses to infant. *Sex Roles*, 1, 103-109.

Schneider, B. H., Rouillard, L., & De Kimpe, V. (1993). Interaction sociale des garçons et des filles de 5 ans en fonction du contexte du jeu. *Enfance*, 47, 3, 229-240.

Serbin, L. A., Moller, L. C., Gulko, J., Powlishta, K. K., & Colburne, K. A. (1994). The emergence of gender segregation in toddler playgroups, In: C. Leaper (Ed.), *Childhood gender segregation: Causes and consequences*, pp. 19-34. New Directions for Child Development, 65, San Francisco: Jossey-Bass.

Serbin, L. A., Powlishta, K. K., & Gulko, J. (1993). The development of sex typing in middle childhood. *Monographs of the Society for research in Child development*, 58 (Serial ,232).

Serbin, L. A., Poulin-Dubois, D., Colburne K. A., Sen, M. G., & Eichstedt, J. A. (2001). Gender stereotyping in infancy: Visual preferences for and knowledge of gender-stereotyped toys in the second year. *International Journal of Behavioral Development*, 25(1), 7-15.

Serbin, L. A., Tonick, I. J. & Sternglanz, S. H. (1977). Shaping cooperative cross-sex play. *Child Development*, 48, 924-929.

Servin, A., Bohlin, G., & Berlin L. (1999). Sex differences in 1-, 3-, and 5-year-olds' toy-choice in a structured play session. *Scandinavian Journal of Psychology*, 40, 43-48.

Signorella, M. L., Bigler, R. S., & Liben, L. S. (1993). Developmental differences in children's gender schemata about others: A meta-analytic review. *Developmental Review*, 13, 147-183.

Schaffer, H-R. (1996). *Social Development*. Cambridge: Blackwell Publishers.

Shakin, M., Shakin, D., & Sternglanz, S.H. (1985). Infant clothing: Sex labelling for strangers. *Sex Roles*, 12, 955-963.

Smith, C., & Llyod, B. (1978). Maternal behaviour and perceived sex of infant: Revisited. *Child Development*, 49, 1263-1265.

Snow, M. E., Jacklin, C. N., & Maccoby, E. E. (1983). Sex of child differences in father-child interaction at one-year age. *Child Development*, 54, 227-232.

Stoneman, Z., Brody, G. H. & Mac Kinnon, C. (1984). Naturalistic observations of children's activities and roles while playing with their siblings and friends. *Child Development*, 55, 617-627.

Tap, P. (1985). *Masculin et féminin chez l'enfant*. Toulouse: Privat.

Thompson, S. K. (1975). Gender labels and early sex role development. *Child Development*, 46, 339-47.

Turner-Bowker, D. M. (1996). Gender stereotyped descriptors in children's pictures books: Does "Curious Jane" exist in the literature? *Sex Roles*, 35, 461-488.

Weinraub, M., Clemens, L. P., Sockloff, A., Ethridge, T., Gracely, E., & Myers, B. (1984). The development of sex-role stereotypes in the third year: relationships to gender labelling, gender identity, sex-typed toy preference and family characteristics. *Child Development*, 55, 1493-1503.

Weisner, T. S., Garnier, H., & Loucky, J. (1994). Domestics' tasks, gender egalitarian values and children's gender typing in current and nonconventional families. *Sex Roles*, 30, ½, 23-54.

Williams, J. E., Benett, S. M. et Best, D. L. (1975). Awareness of expression of sex-stereotypes in young children. *Developmental Psychology*, 11, 635-642.

Winnykamen, F. (1990). *Apprendre en imitant?*. Paris: PUF, Psychologie d'aujourd'hui.

Wille, D. E. (1995). The 1990s: Gender differences in parenting roles. *Sex Roles*, 33, 803-817.

Zaouche-Gaudron, C. (1997). Le rôle du père dans le développement de l'identité sexuée. In: J. Lecamus, F. Labrell & C. Zaouche-Gaudron. *Le rôle du père dans le développement du jeune enfant.* Nathan Université.

Zazzo, B. (1993). *Féminin et masculin à l'école et ailleurs*. Paris: PUF.

A teoria da mente: mais um passo na compreensão da mente das crianças

Maria Regina Maluf
Michel Deleau
Sara Del Prete Panciera
Anegreice Valério
Simone Ferreira da Silva Domingues

Grande parte dos estudos que enfocam a questão da compreensão da mente do outro se encontram na literatura psicológica sob a designação de *teoria da mente*[1], significando o entendimento que as crianças elaboram, durante os primeiros anos de vida, a respeito da mente, ou seja, a respeito das emoções, intenções, pensamentos e crenças das pessoas com que se deparam em seu cotidiano.

Compreender como se desenvolve na criança a compreensão da mente do outro é um empreendimento da maior importância, tanto para psicólogos quanto para educadores, dadas as implicações e aplicações desse conhecimento nas mais diversas atividades voltadas para o favorecimento do desenvolvimento social e da aprendizagem escolar durante os primeiros anos de vida.

O presente trabalho tem como objetivo verificar qual a produção brasileira na área da teoria da mente, contribuindo assim para o avanço das pesquisas e para a criação de estratégias capazes de favorecer nas crianças a compreensão dos

[1] Em inglês, *theory of mind;* em francês *théorie de l'esprit.*

estados mentais em suas diferentes manifestações. Começaremos pela conceituação da *teoria da mente* a partir dos primeiros trabalhos que surgiram na literatura internacional na década de 1970, faremos referência a pesquisas precursoras e aos primeiros trabalhos encontrados na literatura brasileira e identificaremos os assuntos e métodos que vêm sendo estudados atualmente.

O que é *teoria da mente*

A habilidade de compreender a própria mente e a dos outros é um tema clássico na história da ciência psicológica, que tem sido abordado a partir de diferentes paradigmas, desde Wilhelm Wundt, através de seus esforços para criar uma psicologia experimental baseada em introspecções[2], até os estudos mais recentes, tanto aqueles cognitivistas de base experimental quanto aqueles designados como sócio-cognitivistas porque colocam os efeitos da cultura no centro de suas preocupações, utilizando também procedimentos de tipo naturalístico. Em todos esses estudos a linguagem é vista como essencial para o acesso, discriminação e compreensão dos estados mentais próprios e alheios.

Interpretar desejos e intenções, compreender emoções, fazer previsões a respeito do comportamento dos que nos rodeiam são habilidades que fazem parte integrante do nosso cotidiano. De natureza cognitiva e social, essa habilidade pode ser observada em todos os grupos humanos, sob formas diversas e como expressão de práticas culturais de criação e educa-

[2] Nesses estudos o sujeito era colocado frente a uma situação estimuladora apropriada para fazer surgir alguns fenômenos na consciência, os quais seriam então observados introspectivamente e relatados verbalmente.

ção. A habilidade de compreender a mente do outro está assentada nas bases biológicas do comportamento da espécie e manifesta-se de forma tão natural que, freqüentemente, só percebemos sua importância quando sua manifestação está ausente ou seriamente comprometida devido a processos patológicos. Algumas síndromes, entre as quais se destaca o autismo, tornam ainda mais evidente a necessidade de compreender e explicar a emergência e instalação nos indivíduos de sentimentos, intenções, expectativas e antecipações, características estas que são constitutivas dos comportamentos humanos e indispensáveis para a vida em sociedade (Astington & Gopnik, 1991; Baron-Cohen, Leslie & Frith, 1985; Bartsch & Wellman, 1989; Deleau, 1997; Dunn, 1991; Dunn, Brown, Slomkowski, Tesla & Youngblade, 1991; Harris, Johnson, Hutton, Andrews & Cook, 1989).

É nesse quadro conceitual que situamos a relevância dos estudos que permitem maior compreensão e explicação da gênese e desenvolvimento dessa capacidade tão humana de entender a mente do outro e de encontrar respostas para questões que se apresentam no cotidiano da vida social, como por exemplo, "Por que ele, ou ela, fez isso? O que é que ele, ou ela, vai fazer agora? Por que está triste, ou alegre? O que é que estão pensando sobre isto ou aquilo?". Tais preocupações revestem-se de suma importância pela sua forte incidência na integração social e escolar de crianças e adolescentes.

No final da década de 1970 e início dos anos 80 multiplicaram-se os estudos de psicologia cognitiva que se propunham a conhecer o lado mental do comportamento, tanto em seres humanos quanto em animais (Amsel, 1989). David Premack e Guy Woodruff realizavam pesquisas sobre cognição animal e, em 1978, publicaram os resultados de um experimento através do qual buscavam responder a uma questão desafiadora: *os chimpanzés são capazes de predizer ações, ou seja, têm uma teoria da mente?* Nesse experimento os pesquisadores (Premack & Woodruff, 1978) mostraram um videofilme a um chimpanzé no qual um ser humano, colocado numa jaula habitualmente destinada a animais, deveria resolver alguns problemas, como apanhar bananas colocadas fora da jaula. No final do filme os pesquisadores apresentaram ao chimpanzé duas fotografias, sendo que em uma delas existia a solução do problema, ou seja, o homem utilizava um bastão para alcançar as bananas colocadas fora de seu alcance direto. Essa foto foi a escolhida pelo animal, o que levou os autores a sustentarem a hipótese de que o animal possuía uma teoria da mente, pois mostrou-se capaz de interpretar a intenção de um personagem humano.

A nova proposta de procedimento metodológico foi acolhida com entusiasmo por muitos pesquisadores, que, utilizando o termo *teoria da mente* primeiramente empregado por David Premack e Guy Woodruff, passaram a investigar o surgimento, nas crianças, da capacidade de compreensão da mente do outro. Tais pesquisas, voltadas para a compreensão que a criança desenvolve a respeito da mente própria e alheia, designadas como estudos sobre a *teoria da mente,* consolidaram-se no âmbito da tradição experimental com o paradigma da *falsa crença,* desenvolvido por Wimmer e Perner (1983).

Conforme mostraram Carruthers e Smith (1996), os estudos sobre cognição infantil dominantes na época eram os baseados no modelo piagetiano e estavam voltados para explicar como a criança se desenvolve mentalmente até chegar ao raciocínio abstrato, característico da inteligência humana. Nesse contexto, alguns pesquisadores consideraram oportuno aprofundar os estudos em outros aspectos do desenvolvimento. Os novos estudos freqüentemente tiveram em comum a preocupação em discutir, reforçar ou refutar as teses piagetianas dominantes relativas ao desenvolvimento cognitivo (Ciccheti, & Hesse, 1983), trazer novas evidências da vida mental utilizando conceitos de atribuição causal (Green, 1977; Weiner, & Graham, 1984), estudar as primeiras manifestações de compreensão de estados internos, designando-as como aquisição de uma teoria implícita a respeito da mente (Bretherton, & Beegly, 1982). As pesquisas de Harris (1989, 1991), de Harris e Muncer (1988), de Leslie (1987; 1988) e outros, sobre a influência da idade e das condições de criação no aparecimento de habilidades subjacentes à teoria da mente, como são as brincadeiras de faz-de-conta, a habilidade de fingir, o uso da imaginação nas atividades lúdicas, podem ser consideradas precursoras dos estudos que se consolidaram, em humanos, sob a designação de *teoria da mente*.

Estudos precursores realizados no Brasil

No Brasil, nesse mesmo período histórico, com preocupação semelhante, embora em contexto teórico mais próximo do associacionismo, alguns experimentalistas voltaram-se para o estudo de estados subjetivos através dos relatos verbais. Mencionaremos essas pesquisas pela sua proximidade com os estudos cognitivos que estão na origem da constituição do quadro conceitual que se consolidou como *teoria da mente*.

Destacaram-se os trabalhos de Arno Engelmann (1978; 1981; 1986), nos quais existe a preocupação com a linguagem como via de acesso aos *estados subjetivos*, ou seja, como acesso à compreensão de estados mentais próprios e alheios.

A dissertação de mestrado de Leal, elaborada sob a orientação de Engelmann (Leal, 1985), é o texto mais antigo por nós encontrado que parece expressar a preocupação com o momento em que aparece na criança a capacidade de atribuição de estados mentais, ou seja, a capacidade de compreender afetos e intenções das outras pessoas, relacionando-a com algumas variáveis. Esse estudo foi realizado com 300 crianças de 3 a 7 anos e evidenciou que aumentava com a idade a freqüência de uso de nomes de estados subjetivos.

Cabe mencionar também a pesquisa realizada um pouco mais tarde por Alves (1993), como tese de doutorado orientada por Engelmann, sobre o desenvolvimento da fala referente a desejos, sentimentos e cognições e as implicações desse tipo de fala para as relações sociais da criança. Como metodologia foram utilizados relatos verbais, e foi discutida a distância existente entre comunicação verbal e não-verbal de emoções, sob a forma de dois estudos. No primeiro foi solicitado a mães de crianças de 18 a 41 meses que anotassem os verbos que as crianças entendiam e os verbos que elas utilizavam ao falar, assumindo-se que a capacidade de falar sobre emoções permite ir muito além da simples comunicação emocional, cujo surgimento na criança é mais precoce. Os resultados mostraram que os termos que se referem a cognições, afetos e obrigações morais; embora surgissem nessas crianças, eram menos freqüentes que os termos perceptuais, fisiológicos e volitivos. No segundo estudo foram descritas, comparativamente, a fala da criança e a fala do adulto dirigida à criança, através de transcrições da fala de uma menina a partir de 1 ano e 2 meses até quase 3 anos. Foram detectadas as mudanças que ocorriam no período inicial do desenvolvimento da fala sobre desejos, sentimentos e processos cognitivos. Nessa tese, o autor não deixou de fazer referência às abordagens teóricas da década de 1980, que começavam a elaborar o quadro conceitual que veio a se consolidar sob a designação de teoria da mente.

Outros estudos, no quadro teórico da psicologia cognitiva, utilizaram tarefas que implicavam o uso da linguagem para captar a compreensão da criança a respeito de emoções, sentimentos, realidade e imaginação. Referimo-nos, aqui, às pesquisas de Dias, publicadas em colaboração com Harris na Inglaterra (Dias & Harris, 1988a; 1990) e a três publicações em periódicos brasileiros (Dias & Harris, 1988b; Dias, 1992a; Dias, 1992b).

Dias e Harris (1988 a; 1988b) investigaram a influência da realidade e da fantasia no raciocínio dedutivo de crianças e verificaram que uma apresentação de premissas sob forma de brincadeira de faz-de-conta pode ser usada para induzir crianças a criar um mundo independente onde os acontecimentos podem ser diferentes dos que fazem parte do mundo real. Um segundo estudo, na mesma perspectiva, avaliou se a criação de um mundo de faz-de-conta proporcionava esse mesmo efeito no raciocínio das crianças sobre problemas silogísticos que contivessem premissas contrárias aos domínios morais ou convencionais (Dias e Harris, 1990). Desta pesquisa participaram três grupos de crianças de 5 anos: 20 de nível socioeconômico médio de uma escola de Oxford, 40 de nível socioeconômico médio de uma escola de Recife e 40 de um orfanato da mesma cidade. Os resultados mostraram que o contexto de faz-de-conta favoreceu o desempenho de dois dos grupos: o de crianças inglesas e o de crianças brasileiras de nível socioeconômico médio. As crianças brasileiras de orfanato não apresentaram diferenças em seu raciocínio em relação aos dois contextos, realidade e faz-de-conta. Dias e Harris apresentaram como hipótese explicativa desse resultado a possibilidade de que "as contravenções às regras morais e convencionais façam parte do cotidiano das crianças de orfanato, não constituindo fatos contrários às suas experiências". Mais adiante voltaremos a essa questão da interpretação dos resultados de pesquisas realizadas com crianças provenientes de contextos socioculturais muito diferentes.

Dias (1992 a) analisou 100 crianças de 6 a 10 anos, de nível socioeconômico médio, para verificar em que idade as crianças passariam a dispensar o uso do mundo imaginário como ajuda para resolver problemas silogísticos envolvendo fatos contrários à realidade. Seus resultados mostraram que a habilidade de raciocinar com premissas que violam o conhecimento empírico tem uma primeira fase, até os 9 anos, em que as crianças necessitam um contexto de faz-de-conta. A partir dos 10 anos as crianças parecem começar a raciocinar silogisticamente, com premissas anteriormente rejeitadas como falsas, sem o suporte de um contexto fictício. A brincadeira de faz-de-conta é vista como manifestação primitiva da *teoria da mente.*

Em outro estudo, Dias (1992b) analisou a capacidade de diferenciar entre mundo imaginário e mundo real. Participaram 90 crianças de 2 a 4 anos, constituindo três grupos: 30 crianças de nível socioeconômico baixo vivendo em orfanatos, 30 de nível socioeconômico baixo freqüentando creches públicas e vivendo com suas famílias, 30 de nível socioeconômico médio freqüentando escolas particulares. Os resultados apontaram diferenças entre o desempenho dos três grupos de crianças: enquanto a brincadeira de faz-de-conta aparece apenas aos 4 anos nas crianças do orfanato e aos 3 anos nas crianças de nível socioeconômico baixo, as crianças de nível socioeconômico médio apresentaram essa compreensão já aos 2 anos. Os resultados deste terceiro grupo são semelhantes aos obtidos em estudo inglês, referido pela autora. Dias conclui que esses dados contrariam argumentos inatistas que afirmam que mecanismos subjacentes à teoria da mente surgem nas mesmas idades, que seriam universais e não dependentes da diversidade de experiências.

A referência a esses estudos, que tratam da distinção entre realidade e imaginação, nos introduz no tema central desta revisão de literatura, ou seja, pesquisas brasileiras que tratam especificamente da *teoria da mente*.

Pesquisas brasileiras sobre *teoria da mente*

Para conhecer as publicações brasileiras sobre a *teoria da mente* foram consultadas as seguintes bases bibliográficas: portal da Coordenação de Aperfeiçoamento de Pessoal de Nível Superior (CAPES, www.capes.gov.br acessado em agosto de 2003), no qual constam teses e dissertações aprovadas nos cursos brasileiros de pós-graduação no período de 1987 a 2001, sendo que a produção do ano 2002 foi consultada através de arquivo cedido pela agência em atendimento à nossa solicitação; o portal da Biblioteca Virtual de Psicologia (www.bvs-psi.org.br), em que se tem acesso aos periódicos referenciados nas bases LILACS (Literatura Latino-Americana e do Caribe em Ciências da Saúde) e SCIELO (Scientific Electronic Library Online).

Foram encontrados 12 artigos de periódicos, sendo 5 análises teóricas e 7 pesquisas de base empírica. No banco de dados de dissertações e teses defendidas em programas de pós-graduação credenciados, foram encontradas 8 dissertações de mestrado.

Uma vez identificado o material bibliográfico, fez-se a análise dos textos completos dos periódicos. No caso das dissertações de mestrado, analisou-se o texto completo quando disponível, o que ocorreu com três dissertações; no caso das outras 5 só tivemos acesso ao resumo. Passaremos a apresentar o resultado da análise desses estudos encontrados, agrupando-os pelo conteúdo: os que tratam de falsa crença e verbos mentais, os que se situam na área da psicologia da saúde, os que buscam relações com os estilos de apego, os que relacionam falsa crença e compreensão conversacional e, finalmente, as revisões teóricas.

Falsa crença e uso de verbos mentais

O tratamento do tema da construção de uma teoria da mente, com a utilização do paradigma da falsa crença, inicialmente utilizado por Wimmer e Perner (1983), parece ter atraído a atenção de pesquisadores brasileiros na década de 1990, quando foram publicados os primeiros artigos: Dias (1993), Dias, Soares e Sá (1994), Roazzi e Santana (1999). Surgiram também as primeiras pesquisas sobre utilização de verbos mentais: Arcoverde e Roazzi (1996); Roazzi e Arcoverde (1997). No mesmo período foram realizadas algumas dissertações de mestrado nãopublicadas, como se verá mais adiante.

Dias (1993) investigou a habilidade para predizer ações e emoções baseadas nas crenças e desejos de outras pessoas, bem como o efeito do nível socioeconômico no desenvolvimento dessa habilidade. Foram estudadas 90 crianças de 4 a 6 anos, sendo 30 de orfanato, 30 de nível socioeconômico baixo e 30 de nível socioeconômico médio. As tarefas utilizadas foram as de "Sally e Anne", criadas por Wimmer e Perner (1983), agora utilizadas tendo como materiais duas bonecas, uma cestinha, uma caixinha e uma bolinha de gude, e a dos "Smarties" criada por Perner, Leekman e Wimmer (1987), tendo como materiais caixas de chicletes *ping-pong*, caixas de papelão e lápis. Os resultados mostraram diferenças entre os três grupos de crianças, com desvantagem para as crianças de orfanato, nas quais essa habilidade só se evidenciou aos 6 anos. As crianças de nível socioeconômico médio e baixo apresentaram essa habilidade aos 4 anos, como as crianças européias e norte-americanas estudadas por outros autores. Na interpretação desses resultados, Dias sugere, mais uma vez, que os dados contrariam o modelo inatista e mostram que o surgimento da compreensão da mente do outro não é universal quanto à idade. As diferenças na emergência de uma *teoria da mente* podem ser atribuídas a diferenças de experiências.

Para explorar essa questão, Dias, Soares e Sá (1994) realizaram novo estudo, partindo de resultados de pesquisas transculturais mostrando que o baixo desempenho em tarefas cognitivas entre sujeitos de meios carentes não indicaria falta de determinada habilidade, mas a incompreensão da real intenção do examinador. Esse estudo teve como principal objetivo verificar em que medida as crianças pesquisadas mostravam-se capazes de compreender a intenção do pesquisador quando eram solicitadas a realizar as tarefas da pesquisa. A pesquisa foi realizada com 30 crianças de 4 a 6 anos residentes em orfanatos. Foram utilizadas as mesmas tarefas de falsa crença e os mesmos materiais da pesquisa anterior, porém foram introduzidas modificações na estrutura lingüística das perguntas para torná-las mais claras para as crianças. Nos procedimentos foram introduzidas interações experimentador/criança: antes da aplicação das tarefas, criança e experimentador brincavam com o material da pesquisa, propiciando maior confiança e intimidade entre eles. Os resultados apontaram para um aumento significativo na média de acertos das crianças de orfanato: quando realizaram as tarefas com aspectos lingüísticos modificados e houve melhor interação com o examinador, seu desempenho melhorou e tornou-se similar ao das crianças de nível socioeconômico baixo e médio da pesquisa anterior. Esse achado sugeriu, segundo as autoras, que "a variável inadequação da comunicação foi a causa do baixo desempenho alcançado no estudo anterior". Esses resultados mostraram mais uma vez a importância das experiências anteriores e do contexto no desempenho das crianças analisadas em pesquisas sobre desenvolvimento de uma *teoria da mente* e evidenciaram a importância do cuidado na utilização da linguagem como recurso metodológico.

Roazzi e Santana (1999) introduziram uma variação nos estudos feitos sob o paradigma experimental da falsa crença, verificando a influência, nas respostas das crianças, da presença de personagens animados e não-animados na história alvo. Visavam investigar a idade de aquisição da habilidade de distinguir os próprios estados mentais e os estados mentais de outros e se a manifestação dessa habilidade, captada por meio de tarefas de falsa crença, dependia do fato de o ator envolvido ser uma boneca (ator inanimado) ou outra criança (ator animado). Participaram 72 crianças de 4 e 5 anos, de nível socioeconômico médio.

Foi aplicada uma tarefa adaptada da situação-problema proposta por Baron-Cohen, Leslie e Frith (1985), em que foi montada uma cena de sala de aula com três bonequinhas, representando alunos, e uma boneca maior, representando a professora. Cada boneca tinha sua lancheira na qual colocava o seu lanche. Na situação experimental havia sempre dois experimentadores e duas crianças, sendo uma o sujeito da pesquisa e a outra a criança-parceira. Enquanto um dos experimentadores se afastava com a criança-parceira para brincar com as bonecas, o segundo experimentador propunha à criança-sujeito trocar o lanche de uma das bonecas.

Depois perguntava o que fariam os personagens (a criança e a boneca) ao voltarem à sala. Que tipo de lanche a criança-parceira (ator animado) pensará que está na lancheira da boneca cujo lanche foi trocado? Perguntava também que tipo de lanche a boneca (ator inanimado) que teve sua lancheira mexida pensa que vai encontrar nela. Dessa forma, era possível captar, por meio das respostas da criança, a presença ou não da habilidade de atribuição de falsa crença ao ator.

Os resultados mostraram não haver diferenças entre as duas questões, com ator animado e com ator inanimado. Mostraram também que foi a partir dos 5 anos que as crianças manifestaram compreensão dos estados mentais de outras pessoas, no tocante à falsa crença. A variável sexo não exerceu influência. Roazzi e Santana (1999) fizeram uma interessante discussão metodológica e comparativa, referindo-se a estudos anteriores e apontando para a importância de atentar para as diferenças entre os verbos utilizados na proposição da pergunta à criança, para os tipos de materiais utilizados nas coletas de dados e para o efeito do experimentador, sugerindo que novas pesquisas considerem os efeitos desses fatores. Concluíram também que a hipótese inatista não encontra sustentação nesses resultados.

Nos três estudos relatados (Dias, 1993; Dias, Soares & Sá, 1994; Roazzi & Santana, 1999), as crianças mais velhas mostraram melhores resultados, conforme era esperado. Contudo, o que nos parece importante ressaltar é a diferença de resultados na comparação entre crianças de diferentes meios socioeconômicos e culturais, com desvantagem para as crianças de meios sociais desprivilegiados. A interpretação dos pesquisadores foi cuidadosa ao interpretar essas diferenças como *contrárias ao modelo inatista, admitindo que o surgimento da compreensão da mente do outro não é universal quanto à idade*. Por outro lado, também admitiram que *as diferenças na emergência de uma teoria da mente podem ser atribuídas a diferenças de experiências*.

Em nosso entender, tais interpretações presentes na literatura da época ainda eram tímidas, ou mesmo frágeis, na busca de entendimento das diferenças de desenvolvimento psicológico observadas em crianças provenientes de distintos meios culturais, de condições de vida socioeconômica desprivilegiada, de meios familiares ou substitutivos que ofereciam experiências educacionais muito diferenciadas e pouco compreendidas, quando comparadas ao modo de vida das *crianças-padrão* que eram objeto de pesquisa da grande maioria de estudos que sustentavam as evidências das teorias psicológicas dominantes. Isso ocorria, e ainda ocorre, nos países em desenvolvimento, nos quais coincidentemente há pouca ou nenhuma tradição de pesquisa autóctone, ou ao menos, de pesquisas cujos modelos teórico-metodológicos se ajustem melhor às características socioculturais de sua população.

Ainda no quadro teórico da *teoria da mente*, Arcoverde e Roazzi (1996) estudaram a relação entre a aquisição de verbos *fativos*, ou seja, que pressupõem a verdade (saber; descobrir; perceber), e *contrafativos*, ou seja, que pressupõem a falsidade (fazer-de-conta, inventar, fingir), em crianças de 3 a 7 anos, de nível socioeconômico baixo. Como instrumento foram utilizadas 12 sentenças (2 para cada verbo) do tipo "sujeito/verbo-principal/complemento" para cada um dos verbos fativos e contrafativos. As sentenças foram apresentadas tanto com o verbo principal na forma afirmativa como na forma negativa. Uma pequena história introduzia cada uma das sentenças (sentenças-contexto). Para todos os verbos, após a apresentação da sentença-contexto e da sentença-teste, a criança deveria responder, primeiramente, sobre o julgamento do valor de verdade do complemento, e, em seguida, justificar o uso dos verbos, de acordo com a verdade ou falsidade do complemento.

Os resultados mostraram que as crianças de 3 anos não apresentavam nenhum entendimento semântico dos verbos (fativos ou contrafativos), o que ratificou resultados da literatura inglesa e levou os autores a apontar para a necessidade de estudos que apresentem alternativas metodológicas. O entendimento semântico para verbos contrafativos apareceu por volta dos 4 e 5 anos, enquanto o entendimento dos verbos fativos apareceu mais tarde, por volta dos 5 e 6 anos. Buscando explicar esses resultados, os autores observaram que todos os verbos contrafativos estudados foram bem entendidos pelas crianças, enquanto no caso dos fativos, o verbo "perceber", pouco utilizado no vocabulário cotidiano, foi mais difícil de ser compreendido do que os outros dois, "saber" e "descobrir". Essa dificuldade de compreensão explicaria o baixo índice de acertos nos verbos fativos, o que permite pensar que o entendimento do *status* fativo dos verbos não é adquirido de uma só vez para todos os verbos, mas antes de modo gradual.

Aqui, também, observa-se a influência do material e possivelmente dos procedimentos nos resultados obtidos.

Em um novo estudo, Roazzi e Arcoverde (1997) propuseram-se a estudar o desenvolvimento da compreensão da função semântica e pragmática dos verbos mentais, comparando o uso dos verbos fativos (4 verbos, do tipo *saber* e *descobrir)* com o uso dos contrafativos (4 verbos do tipo *fazer-de-conta* e *fazer-acreditar)*, inseridos numa frase complexa. Investigaram 53 crianças da mesma idade da pesquisa anterior, ou seja, de 3 a 7 anos, de uma escola particular que atende população de nível socioeconômico médio. Cada criança respondia a duas listas de questões compostas por sentenças com um verbo-matriz e respondia a duas perguntas: a primeira referindo-se à habilidade de julgar o valor de verdade do complemento (propriedade semântica) e a segunda, à habilidade de julgar o grau de certeza expresso pelos verbos mentais (função pragmática).

Os resultados mostraram, desta vez, que as crianças compreendiam mais cedo e melhor os verbos fativos que os contrafativos. A partir de 4 anos elas mostraram um certo domínio dos verbos fativos apresentados. Os contrafativos não foram claramente entendidos por crianças de 3 e 4 anos. Os dados sugeriram também que a partir dos 5 anos começa a se formar de modo mais consciente o entendimento desses verbos e aos 7 anos esse entendimento parece estar completamente desenvolvido.

Na interpretação dos autores, o nível de escolarização foi uma variável de alta significância, uma vez que com seu aumento as crianças melhoraram o seu desempenho quanto à compreensão dos verbos; contudo, há que se observar que a escolarização confundia-se com a idade, uma vez que a escolarização aumentava quando aumentava a idade. O verbo contrafativo "fazer acreditar" parecia não fazer parte do vocabulário das crianças: todas elas, em todos os níveis de escolarização, mostraram dificuldade de compreendê-lo. Note-se também que as sentenças foram apresentadas isoladas de um contexto, sendo que estudos mais recentes já mostraram que o desempenho das crianças melhora quando as sentenças são contextualizadas.

Em 1996, Jou utilizou tarefas de falsa crença aplicadas a 58 crianças de 3 a 5 anos, de uma escola de educação infantil de nível socioeconômico médio alto. Foram aplicados três tipos de tarefas: falsa crença, aparência-realidade, crença. A análise de variância mostrou uma hierarquização em relação às dificuldades encontradas pelas crianças na solução das tarefas: a de falsa crença apresentou-se como a mais difícil, seguida pela de aparência-realidade e, finalmente, a tarefa de crença, que foi a mais fácil. Crianças de 3 e 4 anos apresentaram desempenho similar nas três tarefas, com exceção da primeira modalidade da tarefa de aparência-realidade e da falsa crença, se considerarmos as justificativas dadas pelas crianças às respostas.

Mais recentemente, Cabral (2001) aplicou tarefas de falsa crença em 106 crianças de 3 a 6 anos, de nível socioeconômico médio e baixo, para verificar efeitos da idade, do nível socioeconômico e do tipo de tarefa. Os resultados indicaram haver diferenças significativas em função da idade e do tipo de tarefa, mas não em função do nível socioeconômico. As crianças de 3 anos desse estudo ainda não apresentavam a habilidade de perceber a falsa crença dos outros e de compreender que o comportamento deles será determinado por esta falsa crença. Porém, aos 6 anos, quase a totalidade das crianças já apresentava essa habilidade. Esses resultados reforçam a urgência de melhor entender, com os referenciais hoje disponíveis nos modelos a respeito do desenvolvimento psicológico, a real influência das condições de criação e educação na emergência de habilidades cognitivas de crianças, particularmente no que diz respeito à habilidade de atribuição de falsa crença ao outro.

Todos esses achados apontam para a necessidade de rever a influência dos procedimentos nos resultados e os enganos que podem advir da comparação entre crianças com experiências educacionais, familiares e culturais diferentes. Essas diferenças devem necessariamente ser levadas em conta, na construção de um modelo teórico explicativo a respeito do desenvolvimento da teoria da mente, que responda ao estágio atual dos conhecimentos psicológicos, que seja adequado à realidade atual e capaz de incorporar os avanços na compreensão do papel da cultura na formação da mente desde a infância.

Santana (2002) investigou a constituição de uma *teoria da mente* em 100 crianças, de 4 e 5 anos de idade, utilizando uma história clássica envolvendo duas bonecas em uma situação de transferência inesperada de objeto. Colocava para a criança duas questões referentes à situação: uma de crença falsa e uma de estado emocional, sendo que a primeira foi apresentada em 2 formas, para verificar a influência da variação lingüística no desempenho das crianças. Os resultados apontaram para a presença de uma *teoria da mente* a partir dos 4 anos de idade em 56% da amostra e permitiram concluir que a faixa etária considerada em meses e o nível socioeconômico são preditores de melhor desempenho. Na questão em que as crianças deviam atribuir estados emocionais, o desempenho demonstrou um padrão bem mais elevado. Na questão de crença falsa, as crianças utilizavam tanto uma lógica baseada no desejo quanto uma lógica baseada na razão, sendo que esta última era mais freqüente aos 5 anos de idade. Foi possível concluir que a capacidade de predizer e justificar emoções desenvolve-se mais cedo que a habilidade para predizer ações com base em crenças falsas. E que a elaboração de uma *teoria da mente* apresenta um desenvolvimento gradual e dinâmico em função de fatores externos e internos, o que sugere a influência recíproca entre pensamento e linguagem. O estudo também discutiu as divergências quanto ao período de aquisição de uma *teoria da mente*, a interferência da variação lingüística e do fator socioeconômico no desempenho das crianças em tarefas de falsa crença, bem como a dificuldade de comparação entre resultados obtidos com a utilização de procedimentos metodológicos distintos.

Teoria da mente na área da saúde

O interesse pela *teoria da mente* no Brasil vem gerando também alguns questionamentos a respeito de sua utilidade para o atendimento em terapia fonoaudiológica para crianças diagnosticadas como psicóticas-falantes (Scheuer, 1996), bem como para a atuação em terapias com crianças autistas na área da fonoaudiologia (Mendes & Fernandes, 2002). Essa nos parece ser uma área de estudos nascente, que começa a atrair a atenção de pesquisadores brasileiros.

A busca de compreensão do autismo através dos conceitos da *teoria da mente* aparece nas pesquisas de Mattos (1996) e de Mainieri (2000).

Mattos (1996) investigou o déficit na formação de uma *teoria da mente* e a dicotomia cognitivo-afetiva em autistas. A pesquisa teve como sujeitos um grupo de crianças autistas e dois grupos-controle, sendo um de crianças normais e um de crianças com deficiência mental. Os resultados apontaram que a capacidade de entender a felicidade e a tristeza estava deficitária nos autistas, em relação aos grupos formados por crianças normais e por deficientes mentais e mostrava-se relacionada ao desenvolvimento de uma *teoria da mente*. Constatou-se dificuldade em verbalizar expressões afetivas, não se descartando a hipótese de um déficit afetivo vinculado a características de linguagem de autistas.

O autismo também foi estudado por Mainieri (2000), que observou, além do desempenho na tarefa da falsa crença, o uso de termos mentais no discurso de quatro adultos do sexo masculino portadores de autismo. Seu objetivo foi explorar a relação entre os déficits na capacidade de elaborar uma *teoria da mente* e na linguagem pragmática. Concluiu que persistem problemas relacionados à linguagem pragmática em situações lingüísticas específicas, mesmo quando se observa sucesso nas tarefas de falsa crença e na utilização de termos mentais.

Teoria da mente e estilos de apego

Lyra (2002) investigou a relação entre *teoria da mente* e apego mãe-criança em 40 crianças entre 3 e 4 anos, formulando quatro questões: a partir de que idade elas se mostravam capazes de compreender estados mentais e comportamentos de outras pessoas; a existência de uma relação sistemática entre estilo de apego e aquisição de uma *teoria da mente*; os aspectos relacionais subjacentes ao estilo de apego apresentado; as peculiaridades das relações mãe-criança que poderiam influenciar a aquisição precoce da *teoria da mente.* Os resultados mostraram a existência de um efeito preditor do estilo de apego seguro para o bom desempenho das crianças nas tarefas de falsa crença. A análise comparativa de duas díades mostrou algumas peculiaridades emergentes da relação mãe-criança, sugerindo que o estilo de apego seguro influencia o desenvolvimento precoce da *teoria da mente.*

Falsa crença e compreensão conversacional

As referências à linguagem são freqüentes nos estudos sobre *teoria da mente*, mas foi sobretudo na década de 1990 que a linguagem passou a ser considerada uma questão teórica fundamental nas buscas de explicações a respeito do desenvolvimento de uma teoria da mente nas crianças, (Deleau e Bernard, 2003).

Admitida a existência de uma estreita relação entre compreensão de estados mentais e linguagem, cabe ainda buscar a melhor resposta para a questão de saber *como*, ou *sob que forma*, a linguagem intervém. Para Deleau e colaboradores (Deleau, 1997; Deleau & Guehenneuc, 1999a; Deleau, Le Sourn, Guehenneuc, & Ricard, 1999b), assim como para Siegal (1999), o desenvolvimento da representação de crenças está relacionado ao uso da linguagem nas situações cotidianas, através das conversações e das experiências de comunicação. Reconhecendo que há modos diferentes de buscar evidências empíricas para essa questão, o foco proposto por Deleau é o de identificar a estrutura e o funcionamento das conversações. Com esse objetivo propôs um instrumento de coleta de dados constituído por quatro tipos de tarefas, através das quais se pretende captar a compreensão que as crianças possuem a respeito da pragmática conversacional e posteriormente entender as relações entre a compreensão das práticas conversacionais em sua própria cultura e a habilidade de atribuição de falsa crença às pessoas.

Nessa perspectiva, Panciera (2002) realizou uma pesquisa com 60 crianças de 4 a 6 anos que freqüentavam uma instituição de suporte em uma cidade do interior de São Paulo e eram provenientes de famílias de baixa renda. O primeiro objetivo da pesquisa foi avaliar o entendimento que as crianças manifestavam a respeito das regras e convenções implícitas que presidem as conversações e a capacidade que possuíam de reconhecer essas regras em atos discursivos conversacionais, por meio de quatro tipos de tarefas: relacionar um ato de linguagem e o papel social existente entre os interlocutores; relacionar um enunciado a um interlocutor que possui ou não uma informação de referência; retificar um enunciado referencial equivocado; avaliar a qualidade da resposta conforme ela respeite ou infrinja regras de ajustamento da informação. Para isso traduziu e adaptou o instrumento utilizado por Deleau e Guehenneuc (1999a) para medida da *compreensão conversacional*[3]. O segundo objetivo foi o de avaliar o desempenho das crianças em uma tarefa de atribuição de falsa crença ao outro e verificar a existência de uma relação entre essas duas habilidades. Para verificar a atribuição de crença foi utilizada a tarefa de "Sally", criada por Baron-Cohen, Leslie e Frith (1985) e adaptada para a população brasileira por Dias (1993) e Dias, Soares e Sá (1994). Assumiu-se também a hipótese teórica de que a compreensão conversacional estaria positivamente associada ao desenvolvimento de uma teoria da mente sob a forma de atribuição de falsa crença às outras pessoas, com diferenças ligadas à idade.

A análise estatística dos resultados mostrou um efeito da idade na habilidade de compreensão conversacional (ANOVA e teste de Scheffé para comparações múltiplas, aceitando-se a significação da diferença no nível de 0,05). Considerando o desempenho das crianças no total das quatro tarefas, encontrou-se que a média das crianças de 4 anos diferiu significativamente da média das crianças de 5 anos ($p<0,01$), da mesma forma que a média das crianças de 5 anos diferiu da média das crianças de 6 anos ($p<0,01$), sempre a favor das mais velhas.

A comparação entre as tarefas mostrou diferenças entre as habilidades medidas por meio delas. Nas tarefas 1, 2 e 3, as crianças de 4 anos mostraram desempenho inferior ao apresentado pelas crianças de 5 anos ($p<0,01$) e de 6 anos ($p<0,01$). Na tarefa 4, o desempenho das crianças de 4 anos não diferiu do desempenho das crianças de 5 anos, mas foi inferior ao das crianças de 6 anos, o que sugere dificuldade maior nesse

[3] Em inglês, *conversational awareness*; em francês *clairvoyance conversationnelle*.

aspecto da pragmática da conversação. Entre as crianças de 5 e 6 anos, os resultados foram mais variados, pois nas tarefas 1 e 4 o desempenho das crianças de 5 anos foi inferior ao das crianças de 6 anos ($p < 0{,}01$ para a tarefa 1 e $p < 0{,}02$ para a tarefa 4), porém, nas habilidades medidas pelas tarefas 2 e 3, não foram encontradas diferenças significativas entre essas duas faixas etárias.

Pode-se concluir que a tarefa 1 exigiu habilidades de mais difícil e mais tardia aquisição. As tarefas 2 e 3 exigiram habilidades que se apresentaram mais difíceis para as crianças de 4 anos, mas já em avançado processo de aquisição aos 5 e 6 anos. As habilidades da tarefa 4 foram resolvidas pelas crianças de 4 e 5 anos sem diferença significativa, porém é aos 6 anos que ela parece instalar-se (4 anos < 6 anos, $p < 0{,}01$; 5 anos < 6 anos, $p < 0{,}02$), para esse grupo de crianças estudadas.

Quanto à capacidade de atribuição de falsa crença, verificou-se que 3 crianças de 4 anos deram a resposta esperada, contra 14 de 5 anos e 15 de 6 anos (em cada faixa etária foram analisadas 20 crianças), sugerindo avanço nessa habilidade a partir dos 5 anos de idade.

Foi possível também verificar a existência de uma associação positiva entre a média do desempenho nas tarefas de compreensão conversacional e a média do desempenho na tarefa de falsa crença, o que concorda com resultados anteriores (Deleau & Guehenneuc, 1999a; Deleau, Le Sourn, Guehenneuc & Ricard, 1999b) e dá suporte à hipótese de uma relação entre habilidade de atribuição de falsa crença e pragmática da linguagem no curso do desenvolvimento.

Cabe contudo apontar a fragilidade empírica dessa relação, nesse primeiro estudo realizado com crianças brasileiras, devido à aplicação de uma única tarefa de atribuição de falsa crença. Por essa razão esse resultado deve ser tomado como indicativo e preliminar, recomendando outras pesquisas com aplicação de várias tarefas de atribuição de falsa crença, que possam permitir a geração de evidências mais vigorosas.

Os mesmos instrumentos e procedimentos utilizados por Panciera (2002) foram aplicados a 45 crianças de 3 a 4 anos que freqüentavam uma creche da periferia de São Paulo que atende uma comunidade de baixa renda (Maluf, Domingues, Sousa, Valerio, & Zanella, 2003). O objetivo foi aprofundar as mesmas questões já formuladas, ampliando o número de participantes e introduzindo crianças de 3 anos de idade.

As 45 crianças foram agrupadas em três subgrupos de idade: 3;8 a 4;0 anos; 4;1 a 4;5 anos; 4;6 a 4;10 anos. Um dos objetivos iniciais era o de verificar o efeito da idade nas tarefas de compreensão conversacional nas três faixas etárias consideradas. Contudo, o teste de comparação de médias de desempenho nas tarefas de compreensão conversacional, entre os três grupos de idade, mostrou não haver diferenças significativas entre eles. Passou-se, então, a tratá-los como um único grupo de sujeitos.

Os resultados obtidos deram suporte à literatura da área, segundo a qual as crianças a partir de 3 e de 4 anos dão os primeiros indícios de começar a compreender as regras da conversação, nas quatro tarefas utilizadas. Nesse estudo, as crianças apresentaram tendência a mostrar mais habilidade nos itens das tarefas 3 e 4, ou seja, retificar um enunciado referencial equivocado e relacionar um ato de linguagem e o papel social existente entre os interlocutores. Na tarefa 2, relacionar um enunciado a um interlocutor que possui ou não uma informação de referência e na tarefa 4, avaliar a qualidade da resposta conforme ela respeite ou infrinja regras de ajustamento da informação mostravam maior dificuldade.

Concluiu-se que as habilidades medidas através da tarefa 3 surgem mais cedo, seguidas das habilidades da tarefa 1, sendo que as habilidades das tarefas 2 e 4 parecem ser mais tardias nesse grupo de crianças.

Quanto à habilidade de atribuição de falsa crença, concluiu-se que, dos 16 sujeitos de 3;8 a 4;0 anos, só dois deram a boa resposta; no grupo de 14 crianças de 4;1 a 4;5 anos, somente 6 deram a resposta esperada; das 15 crianças de 4;6 a 4;10 anos, 11 deram a boa resposta. Verifica-se, portanto, um efeito da idade, mostrando que é a partir dos 4 anos que as crianças dão mostras de compreensão e atribuição de crenças ao outro.

Valério (2003) fez uma nova adaptação das tarefas para avaliação da compreensão conversacional utilizando imagens dos personagens da *Turma da Mônica*, desenhados por Maurício de Souza[4], para torná-las mais adequadas ao contexto cultural das crianças brasileiras e mantendo a versão em português das questões, com pequenas adaptações. A habilidade de atribuição de falsa crença foi avaliada por meio da mesma tarefa de "Sally", tal como adaptada e utilizada por Panciera (2002) e por Maluf e colaboradores (2003).

Participaram dessa pesquisa 60 crianças de 4 a 6 anos, desta vez provenientes de famílias de nível socioeconômico médio, que freqüentavam uma pré-escola da rede particular da cidade de Santos. O objetivo foi avaliar a influência da idade e do meio sociocultural no desempenho de crianças de nível socioeconômico médio, pertencentes a famílias de pais letrados e acumulando experiências educacionais em uma escola com projeto educacional de qualidade, nas tarefas de *compreensão conversacional* e na tarefa de *atribuição de falsa*

[4] Imagens adaptadas a partir do CD-ROM *Quadrinhos da Turma da Mônica*, FTD, disponíveis também no portal www.turmadamonica.com.br.

crença. Foi também objetivo da pesquisa verificar a existência de uma associação entre essas duas habilidades.

Os resultados confirmaram um efeito significativo da idade a favor das crianças mais velhas, nas tarefas de compreensão conversacional. Comparando os resultados das crianças nas 4 tarefas de compreensão conversacional, Valério observou que a distribuição das respostas apresenta-se na mesma direção das obtidas por Panciera (2002), porém com sistemático número maior de acertos: a média dos acertos é sempre maior no grupo das crianças de nível socioeconômico médio, ou seja, nas crianças provenientes de famílias mais letradas e que recebem atendimento escolar mais bem adaptado às suas necessidades. Rejeita-se, assim, mais uma vez, a interpretação do inatismo, em favor do reconhecimento da influência do meio e das condições de criação no desenvolvimento de uma *teoria da mente* em crianças.

Na tarefa de atribuição de falsa crença, a quase totalidade das crianças deu a resposta esperada: em cada um dos 3 grupos de 20 crianças, de 4, 5 e 6 anos, somente uma delas não deu a boa resposta. Esse achado permitiu concluir que estas crianças, aos 4 anos de idade, parecem ter desenvolvido a habilidade de atribuição de estados mentais de crença, diferentemente do que ocorreu com as crianças de nível socioeconômico baixo avaliadas por Panciera (2002).

Na pesquisa de Valério (2003), a habilidade de compreender as regras implícitas da conversação não apareceu como preditiva da habilidade de atribuição de falsa crença a outrem, uma vez que a quase totalidade das crianças – de 4 a 6 anos e nível socioeconômico médio – mostrou compreensão na tarefa de atribuição de falsa crença ao outro. Conforme já relatado, só foi aplicada uma tarefa de atribuição de falsa crença, o que prejudicou uma análise mais consistente da associação entre as variáveis, levando a concluir pela necessidade de ampliar e diversificar as tarefas de falsa crença para avançar no teste da hipótese de uma relação entre essas duas habilidades e do efeito preditivo da compreensão conversacional.

Revisões teóricas

Além das pesquisas de base empírica já analisadas, alguns estudos teóricos publicados no Brasil trataram do tema da *teoria da mente* enfocando diferentes aspectos da questão.

Araújo *(1998)* fez uma revisão da literatura visando avançar no entendimento das *possibilidades de estruturação da mente no autismo*. Refere-se a vários autores para mostrar que uma parte importante dos prejuízos sociais encontrados nos autistas pode estar relacionada a um déficit específico na sua teoria da mente.

Em Jou e Sperb (1999) encontramos uma análise das abordagens da teoria da mente, com a preocupação de relacionar os diferentes enfoques teóricos acerca da natureza, gênese e desenvolvimento da questão. As autoras iniciam o texto definindo o conceito de *teoria da mente* como uma habilidade das crianças de compreenderem seus próprios estados mentais e dos outros e, dessa maneira, predizerem suas ações e comportamentos. Apontam estudos que anteciparam as pesquisas sobre a compreensão da mente em crianças, referindo Piaget como precursor, e a retomada das pesquisas sobre teoria da mente nos anos 80 e 90. Referem-se à psicologia popular e às divergências entre os pesquisadores quanto ao uso do termo *teoria* e discutem as posições inatista, desenvolvimentista, neuropsicológica, evolucionista, cognitivista e culturalista. As autoras mostram que a metodologia utilizada nas pesquisas sobre a teoria da mente está relacionada com a escolha teórica, sendo que a metodologia naturalística prefere procedimentos ligados às expressões lingüísticas das crianças aos depoimentos dos adultos e às observações do cotidiano, enquanto a metodologia experimental focaliza o desempenho das crianças em tarefas propostas em situações controladas. Concluem que o que está faltando nessa nova área de pesquisa é a especificação mais clara e detalhada do nível explicativo dos diferentes pontos de vista, bem como a formulação de uma teoria unificadora que englobe os diferentes níveis de compreensão e interpretação da mente a partir das teorias existentes.

Uma revisão de estudos foi feita por Bosa e Callias (2000) a respeito das diferentes abordagens no estudo do autismo, entendido como síndrome comportamental com etiologias diferentes, na qual o processo de desenvolvimento infantil encontra-se profundamente distorcido. Entre essas abordagens destaca-se a da *teoria da mente*. Referindo-se à teoria da mente, mostram que o autismo é explicado como dano na capacidade de meta-representar, produzindo dificuldade ou impossibilidade de atribuir estados mentais a outras pessoas e de predizer o comportamento das mesmas. Concluem insistindo na importância e necessidade de conseguir avanços na tarefa de integrar os achados das diferentes áreas e matrizes teóricas para que a problemática ligada ao fenômeno do autismo possa ser melhor enfrentada.

As relações entre autismo, comportamento social e função executiva foram discutidas por Bosa (2001), referindo-se ao papel do lobo frontal nos comportamentos que caracterizam a síndrome do autismo, focalizando as relações entre função executiva, teoria da mente e habilidade de atenção compartilhada. Segundo Bosa, a investigação sobre a hipótese do comprometimento da função executiva, como déficit subjacente ao autismo, é uma área promissora na busca de superação das inconsistências ainda presentes nos resultados das pesquisas atuais. Conclui afirmando a necessidade de que investigações futuras ajudem a compreender o fenômeno do autismo, provavelmente levando em conta aspectos psicossociais como possíveis mediadores das funções cerebrais.

Caixeta e Nitrini (2002) produziram uma revisão teórica voltada para a incorporação de teses da teoria da mente pela psicologia médica. Os autores apresentam uma revisão geral do tema e arrolam dificuldades metodológicas características dos estudos empíricos sobre teoria da mente, argumentando sobre as dificuldades de sua incorporação às ciências médicas, que são sempre baseadas em evidências. Argumentam que, apesar das dificuldades, a teoria da mente pode e tem auxiliado no entendimento da psicopatologia associada a doenças como o autismo infantil, a esquizofrenia, transtornos paranóides, erotomania, entre outros.

Considerações finais

O interesse pelo estudo da constituição de uma *teoria da mente* durante os primeiros anos do desenvolvimento infantil tem se ampliado na literatura internacional nos últimos anos. No Brasil, esse interesse também pode ser observado, conforme relatado ao longo deste texto.

As pesquisas brasileiras têm se centrado em aplicações de tarefas envolvendo a elaboração de crença e a compreensão dos atos de comunicação intencional. A maioria dos autores sugere a necessidade de diversificação metodológica, apontando para a importância de estudos que investiguem o surgimento dessas habilidades em contextos mais espontâneos. Recomenda-se também extremo cuidado nas análises e discussões a respeito da influência da cultura e condições sociais de vida sobre o desenvolvimento da criança em todos os aspectos, particularmente no que concerne à formação da *teoria da mente*.

Em relação aos estudos que enfocam a atribuição de crença, percebemos que não há muita variação metodológica: os testes são semelhantes, todos envolvendo as conhecidas "tarefas de falsa crença", com algumas variações. Contudo, essas variações metodológicas e de procedimento mostraram ter um efeito nos resultados, o que recomenda extremo cuidado na definição, escolha e aplicação de tarefas nas pesquisas. Em geral, apenas a predição do comportamento tem sido objeto de avaliação. Ainda faltam estudos que avaliem se o participante responde a questões envolvendo a ignorância em relação a um estado de coisas, a explicação da ação, a intenção. Não encontramos na literatura brasileira estudos com enfoque longitudinal, nem estudos de intervenção, ambos com freqüência crescente na literatura internacional, devido às possibilidades que oferecem de maior compreensão do fenômeno e de intervenção positiva na realidade individual e social.

As pesquisas mostram que a habilidade de atribuição de falsa crença, fundamental nos estudos sobre a *teoria da mente*, parece se desenvolver dos 3 aos 6 anos de vida. Todas apontaram diferenças significativas não só em função da idade, mas igualmente em função das experiências socioculturais, familiares e escolares das crianças avaliadas. Apontaram também que a habilidade de atribuir uma falsa crença a outra pessoa já existe ao término do sexto ano de vida, nas diferentes condições sociais das crianças analisadas. Os resultados

dos estudos apontam que a adequação do instrumento, a linguagem e forma de interação entre o participante e o experimentador, entre outros fatores, podem ter sido responsáveis por diferenças observadas. Todos sugerem que outras pesquisas sejam feitas para avançar no esclarecimento da questão, dando especial atenção ao contexto sociocultural e educacional dos indivíduos estudados.

As pesquisas que se dedicaram a avaliar a compreensão conversacional, ou seja, a utilização de algumas regras implícitas na pragmática do discurso, concordam ao sugerir que essa habilidade começa a surgir aos 3 anos e está em desenvolvimento dos 4 aos 6 anos, com diferenças significativas associadas à idade e ao contexto sociocultural de vida (Panciera, 2002; Maluf e colaboradores, 2003; Valério, 2003). Esses resultados levam a ressaltar a importância das oportunidades de acesso às práticas de comunicação verbal, durante esses primeiros anos de vida, recolocando assim a questão da linguagem. Dessa forma, concordam com Deleau (1998) e com Bruner (1990; 1997; 2001) quando mostram que o tipo de experiência conversacional influencia a compreensão das crianças sobre as diversas circunstâncias da vida cotidiana e seu entendimento sobre como funcionam as convenções sociais de seu meio.

Nas pesquisas brasileiras o número de sujeitos foi em geral pequeno, variando de 30 a 106 participantes, sendo a grande maioria constituída por crianças na faixa de 3 a 6 anos de idade. Algumas pesquisas foram realizadas com adultos e crianças portadoras de necessidades especiais, como em Mainieri (2000), que estudou 4 adultos autistas do sexo masculino, e Mattos (1996), que investigou um grupo de autistas e dois grupos controle (crianças normais e deficientes mentais) emparelhados pela idade mental.

Como conclusão pode-se dizer que a área de estudos designada como *teoria da mente* pode dar importantes contribuições para a compreensão e a intervenção positiva no desenvolvimento e na aprendizagem infantis. Na área médica, pode ajudar a explicar algumas síndromes e favorecer a criação de procedimentos tanto de recuperação quanto de prevenção.

Referências

Alves, J. M. (1993). *Uma abordagem psicológica ao desenvolvimento inicial da fala sobre volição, afeto e cognição.* Tese de Doutorado não-publicada. Curso de Pós-Graduação em Psicologia, Universidade de São Paulo. São Paulo, SP.

Amsel, A. (1989). *Behaviorism, neobehaviorism and cognitivism in learning theory.* NJ: Lawrence Erlbaum.

Araújo, C. A. (1998). Sobre a estruturação da mente no autismo. *Temas sobre Desenvolvimento*, 7, 38, 14-21.

Arcoverde, R. D. L. & Roazzi, A. (1996). Aquisição de verbos fativos e contrafativos e a teoria da mente em crianças. *Temas em Psicologia*, 3, 79-116.

Astington, J. W. & Gopnik, A (1991). Theoretical explanations of children's understanding of the mind. *British Journal of Developmental Psychology*, 9, 7-31.

Baron-Cohen, S., Leslie, A. M. e Frith, U. (1985). Does the autistic child have a 'theory of mind'? *Cognition*, 21, 37-46.

Bartsch, K. & Wellman, H. M (1989). Young children's attribution of action to belief and desire. *Child Development*, 60, 946-964.

Bosa, C. & Callias, M. (2000). Autismo: breve revisão de diferentes abordagens. *Psicologia: Reflexão e Crítica*, 13, 1, 167-177.

Bosa, C. A. (2001). As relações entre autismo, comportamento social e função executiva. *Psicologia: Reflexão e Crítica*, 14, 2, 281-287.

Bretherton, I. & Beegly, M. (1982). Talking about internal states: the acquisition of an explicit theory of mind. *Developmental Psychology, 18, 6, 906-921.*

Bruner, J. (1990). *Atos de significação*. Porto Alegre: Artes Médicas.

________. (1997). *Realidade mental, mundos possíveis.* Porto Alegre: Artes Médicas.

________. (2001). *A cultura da educação.* Porto Alegre: Artmed Editora.

Cabral, M. C. C. (2001). *Teoria da mente: Efeitos da idade e do nível socioeconômico no desempenho em tarefas de falsa crença.* Dissertação de Mestrado não-publicada, Curso de Pós-Graduação em Psicologia, Universidade Federal do Rio de Janeiro. Rio de Janeiro.

Caixeta, L & Nitrini, R. (2002). Teoria da mente: uma revisão com enfoque na sua incorporação pela psicologia médica. *Psicologia: Reflexão e Crítica*, 15, 1, 105-112.

Carruthers, P. & Smith, P. K. (1996). Introduction. In: *Theories of theories of mind.* Cambridge University Press.

Ciccheti, D. & Hesse, P. (1983). Affect and intellect: Piaget's contributions to the study of infant emotional development. Em R. Plutchik & H. Kellerman (Eds.). *Emotion: Theory, research and experience*, vol.2, New York: Academic Press, p. 115-169.

Deleau, M. (1997). L'attribution d'états mentaux chez des enfants sourds et entendants: une approche du rôle de l'expérience langagière sur une théorie de l'esprit. *Bulletin de Psychologie*, 50, 427, 48-56.

Deleau, M. (1998). Entre l'acte et la pensée: de l'activité conjointe aux symboles et aux croyances. *Enfance*, 1, 37-47.

Deleau, M. & Guehenneuc, K. (1999a). La clairvoyance conversationelle chez l'enfant d'âge pré-scolaire. Un essai d'opérationnalisation et ses premiers résultats. *Journée d'Étude sur le Développement Conceptuel et Langagier de l'Enfant de 1 à 6 ans*. Besançon (France), 2-3 Décember, 1999.

Deleau, M., Le Sourn, S., Guehenneuc, K. & Ricard, M. (1999b). Clairvoyance conversationnelle et théorie de l'espirit. *Enfance*, 3, 51, 238-248.

Deleau, M. & Bernard, S. (2004, August). *Conversationnal awareness and theory of mind development in children.* Trabalho apresentado na XI European Conference on Developmental Psychology, Milano, Italy (mimeo).

Dias, M. G. B. B. (1992a). Até quando preciso usar a imaginação? *Psicologia: Teoria e Pesquisa*, 8, 3, 351-361.

Dias, M. G. B. B. (1992b). A brincadeira de faz-de-conta como capacidade para diferenciar entre o real e o imaginário. *Psicologia: Teoria e Pesquisa*, 8, 3, 363-371.

Dias, M. G. B. B. (1993). O desenvolvimento do conhecimento da criança sobre a mente. *Psicologia: Teoria e Pesquisa*, 9, 3, 587-600.

Dias, M. G. & Harris, P. L. (1988a). The effect of make-believe play on deductive reasoning. *British Journal of Developmental Psychology*, 6, 207-221.

Dias, M. G. & Harris, P. L. (1988b). Realidade x fantasia: sua influência no raciocínio dedutivo. *Psicologia: Teoria e Pesquisa*, 4, 55-68.

Dias, M. G. B. B. e Harris, P. L. (1990). Regras morais e convencionais no raciocínio de crianças. *Psicologia: Teoria e Pesquisa*, 6, 2, 125-138.

Dias, M. G. B. B., Soares, G. B. & SÁ, T. P. (1994). Conhecimento sobre a mente e compreensão sobre as intenções do experimentador. *Psicologia: Teoria e Pesquisa*, 10, 2, 221-229.

Dunn, J. (1991). Understanding others: Evidence from naturalistic studies of children. Em A. Whiten (Ed.) *Natural theories of mind*, p. 51-61. Oxford: Basil Blackwell.

Dunn, J., Brown, J., Slomkowski, C., Tesla, C. & Youngblade, L. (1991). Young children's understanding of other people's feelings and beliefs: Individual differences and their antecedents. *Child Development*, 62, 1352-1366.

Engelmann, A. (1978). *Os estados subjetivos: uma tentativa de classificação dos seus relatos verbais*. São Paulo: Ática.

Engelmann, A (1981). O behaviorismo diante da explicação cética da ciência natural. *Cadernos de Análise do Comportamento*, 1, 21-27.

Engelmann, A. (1986). Uma lista, de origem brasileira, para medir a existência de estados de ânimo no momento em que está sendo respondida. *Ciência e Cultura*, 38, 1, 121-146.

Green, S. K. (1977). Causal attribution of emotion in kindergarten children. *Developmental Psychology*, 13, 5, 533-534.

Harris, P. L. (1989). *Children and emotion: The development of psychological understanding*. Oxford: Basil Blackwell.

Harris, P.L. (1991). The work of imagination. Em A. Whiten (Org.), *Natural theories of mind: Evolution, development and simmulation of everyday mindreading* (p. 283-304). Oxford: Basil Blackwell.

Harris, P. L. & Muncer, A. (1988). *Autistic children's understanding of beliefs and desires.* Trabalho apresentado no British Psychology Society Developmental. Section Conference, Coleg Harlech, País de Gales.

Harris, P. L., Johnson, C. N., Hutton, D., Andrews, J. & Cook, T. (1989). Young children's theory of mind and and emotion. *Cognition and Emotion*, 3, 379-400.

Jou, G. I (1996). *O contexto experimental e o desenvolvimento da teoria da mente*. Dissertação de Mestrado não-publicada. Curso de Pós-Graduação em Psicologia, Universidade do Rio Grande do Sul. Porto Alegre.

Jou, G. I. & Sperb, T. M. (1999). Teoria da mente: diferentes abordagens. *Psicologia: Reflexão e Crítica*, 12, 2, 287-306.

Le Sourn-Bissaoui & Deleau, M., (2001). Discours Maternel et comprehension des états mentaux émotionnels et cognitifs à 3 ans. *Enfance*, 4. 329-348.

Leal, I. K. (1985). *Nomes de estados subjetivos usados por crianças de 3 a 7 anos: Um estudo descritivo*. Dissertação de Mestrado não-publicada, Universidade de São Paulo. São Paulo.

Leslie, A. M. (1987). Pretense and representation: the origins of 'theory of mind'. *Psychological Review*, 94, 4, 412-426.

Leslie, A M. (1988). The necessity of illusion: Perception and thought in infancy. Em L. Weiskrants (Org.) *Thought without language.* Oxford: Oxford University Press.

Lyra, P. V. (2002). *Estilos de apego, peculiaridades internacionais e a aquisição da teoria da mente.* Dissertação de Mestrado não-publicada. Curso de Pós-Graduação em Psicologia, Univerisade Federal de Santa Catarina. Florianópolis.

Mainieri, A. G. (2000). *A teoria da mente na vida diária de crianças autistas.* Dissertação de Mestrado não-publicada. Curso de Pós-Graduação em Psicologia, Universidade Federal do Rio Grande do Sul. Porto Alegre.

Maluf, M. R., Domingues, S. F. S., Sousa, E. O., Valerio, A. & Zanella, M. S. (2003, julho). *Compreensão conversacional em pré-escolares de 3 e 4 anos.* Trabalho apresentado no 29th. Interamerican Congress of Psychology, 13-18 July, Lima (Peru). (CD-ROM).

Mattos, M. I. P. (1996). *O autismo sob a perspectiva da teoria da mente: na intersecção entre o afeto e a cognição.* Dissertação de Mestrado não-publicada. Curso de Pós-Graduação em Psicologia, Universidade Federal do Rio Grande do Sul. Porto Alegre.

Mendes, E. R R. & Fernandez, F.D.M. (2002). Teoria da mente: uma comparação entre autistas, portadores da Síndrome de Asperger e crianças normais. *Temas sobre Desenvolvimento*, 11, 61, 25-29.

Panciera, S. D. P. (2002). *Compreensão conversacional e atribuição de estados mentais: Um estudo com pré-escolares de 4 a 6 anos.* Dissertação de Mestrado não-publicada. Curso de Pós-Graduação em Psicologia da Educação, Pontifícia Universidade Católica de São Paulo. São Paulo.

Perner, J., Leekman, S. e Wimmer, H. (1987). Three-year-old's difficulty with false belief: the case for a conceptual deficit. *British Journal of Developmental Psychology*, v. 5, p.125-137.

Premack, D. & Woodruff, G. (1978). Does the chimpanzee have a theory of mind? *Behavioural and Brain Science*,1, 515-526.

Roazzi, A. & Arcoverde, R. D. L. (1997). O desenvolvimento da função semântica e pragmática dos verbos mentais fativos e contrafativos. *Psicologia: Teoria e Pesquisa*, 13, 3, 291-301.

Roazzi, A. & Santana, S. M. (1999). Teoria da mente: efeito da idade, do sexo e do uso de atores animados e inanimados na inferência de estados mentais. *Psicologia: Reflexão e Crítica*, 12, 2, 307-330.

Santana, S. M. (2002). *Teoria da Mente: crença falsa e lógica de explicação.* Dissertação de Mestrado não-publicada. Curso de Pós-Graduação em Psicologia, Universidade Federal de Pernambuco. Recife.

Scheuer, C. I. (1996). A relação discursiva entre terapeutas e crianças psicóticas: a teoria da mente. *Distúrbios de Comunicação*, 8, 1, 41-59.

Siegal, M. (1999). Language and thought: the fundamental significance of conversational awareness for cognitive development. *Developmental Science*, 2, 1, 1-12.

Valerio, A (2003). *Compreensão conversacional: um estudo com crianças de 4 a 6 anos.* Dissertação de Mestrado não-publicada. Curso de Pós-Graduação em Psicologia da Educação, Pontifícia Universidade Católica de São Paulo. São Paulo.

Weiner, B. & Graham, S. (1984). An attributional approach to emotional development. Em C. Izard, J. Kagan & R. Zajonc (Eds.), *Emotion, cognition and behavior.* Cambridge, MA: University Press, p. 167-191.

Wimmer, H. & Perner, J. (1983). Beliefs about beliefs: representation and constraining function of wrong beliefs in young children's understanding of deception. *Cognition*, 13, 103-128.

Consciência fonológica e linguagem escrita: efeitos de um programa de intervenção

Maria José dos Santos
Maria Regina Maluf

A consciência da estrutura fonológica das palavras tem sido estudada em várias investigações que, com sucesso, têm conseguido ensinar a crianças pequenas aspectos da consciência fonológica tais como habilidade em rima, aliteração, consciência silábica e consciência fonêmica (Schneider, Küspert, Roth, Vise & Marx, 1997).

Os estudos experimentais que incorporam programas de intervenção para desenvolver habilidades fonológicas demonstram serem adequados ao estudo das contribuições específicas das diferentes habilidades fonológicas na aquisição da linguagem escrita. Esses estudos apresentam acentuadas diferenças tanto no que se refere ao conteúdo e duração do programa, como em relação à metodologia utilizada.

Lundberg, Frost e Petersen (1988) desenvolveram um estudo na Dinamarca em cujo contexto educacional as crianças não são ensinadas a ler e escrever antes dos 7 anos de idade. Os dados obtidos demonstram que as crianças que foram submetidas ao programa experimental apresentam uma habilidade em leitura superior às crianças do grupo controle, o que daria apoio à hipótese de que a consciência fonológica tem um importante papel na aquisição da linguagem escrita.

Esse estudo, realizado com 400 crianças de 6 anos, avaliou um programa de intervenção em consciência fonológica. As crianças foram acompanhadas durante dois anos, o que permitiu verificar os efeitos do treinamento ao longo do tempo. As características desse delineamento, ou seja, o fato de as crianças não serem expostas à instrução formal da linguagem escrita durante o programa de treinamento, permitiu, segundo os autores, localizar os efeitos específicos do treinamento sobre a consciência fonológica. Os resultados obtidos sugeriram que a consciência fonológica pode ser desenvolvida antes e independentemente da habilidade de leitura e facilita a aquisição da linguagem escrita.

Embora os efeitos sobre habilidades de rima, consciência de palavras e sílabas tenham sido modestos, os efeitos sobre habilidades fonêmicas foram altamente expressivos. A interpretação dos autores para tais evidências é de que a habilidade em rima não dependeria de uma manipulação deliberada dos segmentos, mas sim, de uma atenção dirigida à similaridade global das palavras. No que diz respeito às sílabas, sua baixa dependência de instrução formal quando, comparadas aos fonemas, se explicaria pelo fato de as sílabas serem mais "salientes", menos abstratas, mais acessíveis, e, portanto sua manipulação menos dependente de treinamento formal. Ao segmentar a palavra em sílabas, a criança não teria que ignorar a unidade natural do ato articulatório, sendo necessário apenas um mínimo de direcionamento para que consiga manipulá-la. Entretanto, a consciência fonêmica parece ser uma habilidade altamente dependente de instrução formal, uma vez que os resultados do pré-teste, tanto do grupo experimental como do grupo controle, e os resultados do pós-teste do grupo controle refletem baixa performance em tarefas que avaliam esta habilidade.

Ainda que outras pesquisas (Morais e colaboradores, 1986) apontem a escrita alfabética como tendo um papel crucial no desenvolvimento da segmentação fonêmica, o estudo de Lundberg e colaboradores sugere ser a instrução explícita o fator determinante para o desenvolvimento desta habilidade e não a exposição às letras do alfabeto, uma vez que as crianças estudadas não foram expostas à instrução formal da língua escrita.

Schneider, Küspert, Roth, Visé e Marx (1997), através de dois estudos, confirmaram os achados da investigação anterior, para um grupo lingüístico diferente, constituído por crianças falantes do alemão. Os resultados sugerem que a consciência fonológica pode ser desenvolvida em crianças não leitoras e que o sucesso do treinamento não varia em função da transparência da linguagem.

Esses autores investigaram a importância da consciência fonêmica na língua alemã cuja transparência ortográfica, segundo eles, é menor que a do dinamarquês, língua materna das crianças estudadas por Lundberg e outros (1988). Assim, como nesse estudo, a pesquisa de Schneider e colaboradores (1997) também foi realizada em contexto pré-escolar que não desenvolve instrução formal de leitura e escrita. Nesse caso, as 396 crianças (205 crianças no primeiro estudo e 191 crianças no segundo estudo) eram mais novas, com idade média de 5 anos e 7 meses.

Os resultados dos dois estudos de Schneider e colaboradores (1997) confirmam os achados de Lundberg e colaboradores (1988), de que a consciência fonológica pode ser desenvolvida em crianças não leitoras, inclusive mais novas, e que, o sucesso do treinamento não variou como função da transparência da linguagem, ou seja, os resultados obtidos numa língua de maior transparência, o dinamarquês, puderam ser generalizados para uma língua menos transparente, como é o caso do alemão.

Os autores salientam e alertam para as diferenças da qualidade da intervenção sobre os efeitos nas habilidades fonológicas a longo prazo. Procedimentos cuidadosos de treinamento são necessários para assegurar efeitos substanciais do programa a longo prazo. Acrescentam que, quando o programa é inadequado, os efeitos encontrados são de ensino e de curto prazo. Tanto a duração como o formato do programa são apontados como fatores que influenciam o resultado do treinamento.

Embora os resultados confirmem a relação entre consciência fonológica e aquisição da linguagem escrita, os autores alertam contra uma visão determinista de causalidade, que poderia levar a entender a consciência fonológica como causa única do sucesso em leitura. Os efeitos moderados nos testes de leitura e soletração ao final dos dois primeiros anos escolares sugerem que a consciência fonológica é necessária, mas não suficiente, para um bom desenvolvimento das habilidades de leitura e soletração. A combinação de atividades que visam à aquisição do valor sonoro e nome das letras com atividades de desenvolvimento da consciência fonológica tem sido apontada por outras pesquisas como tendo efeito superior na aquisição da leitura e escrita, sendo mais eficaz do que o ensino destes dois componentes separadamente.

Com o propósito de verificar se a utilização de letras favorece a habilidade de segmentação, Hohn e Ehri (1983) empreenderam um estudo com 24 crianças pré-escolares que demonstravam ter o conhecimento do nome das letras do alfabeto.

No grupo 1, foram desenvolvidas atividades que combinavam segmentação fonêmica e apresentação de um cartão com a letra correspondente ao fonema segmentado. No grupo 2, as atividades combinavam segmentação e apresentação de um cartão sem letra e o grupo 3, controle, não recebia nenhum treinamento.

Os resultados obtidos demonstraram que as crianças do grupo 1, que se utilizaram das letras como apoio, exibiram menos dificuldades para aprender segmentação de palavras do que as crianças do grupo 2, que não tinham o apoio de letras, apenas de cartões sem letras. Segundo os autores, uma explicação possível para a superioridade do grupo 1, nas habilidades de segmentação, é a de que as letras favorecem a aquisição de um sistema visual símbolo-som que é usado pela criança para distinguir e representar os fonemas. Os resultados do estudo indicam que a utilização de letras, durante o treinamento em consciência fonêmica, facilita a aprendizagem de tarefas de segmentação por esclarecer sobre a natureza da tarefa e fornecer pistas de como desenvolvê-la. Além disso, favoreceria a distinção da unidade sonora a ser segmentada.

A fim de verificar se a instrução explícita de como e onde utilizar as habilidades fonológicas melhora os níveis de leitura, Cunningham (1990) investigou o papel de dois diferentes tipos de instrução, explícita e implícita, no treinamento da consciência fonológica. Estudou 84 crianças, sendo 42 pré-escolares e 42 de primeira série escolar.

O programa de treinamento teve uma duração de dez semanas com sessões de aproximadamente vinte minutos. As sessões, conduzidas por um professor experiente, foram desenvolvidas duas vezes por semana, com grupos de quatro a cinco crianças.

Os resultados desse estudo apóiam a hipótese de que crianças podem adquirir consciência fonêmica através de instrução direta. Além disso, reforçam as evidências de que a consciência fonêmica atua positivamente sobre as habilidades de leitura. Em relação ao tipo de instrução recebida, os resultados sugerem que, para as crianças pré-escolares, a instrução explícita de como a segmentação e a síntese fonêmica estão envolvidas nas atividades de leitura não é um fator importante para a transferência e aplicação das habilidades fonêmicas para estas atividades. Por outro lado, para as crianças da primeira série, o programa de consciência fonêmica com instrução explícita de uso e aplicação resultou numa significativa melhora das habilidades de leitura.

A diferença entre os grupos, pré-escolar e 1ª série, talvez se deva, segundo a autora, ao fato de as crianças pré-escolares estudadas não estarem diretamente envolvidas em programa formal de leitura e por isso tiveram poucas oportunidades para utilizar e aplicar seu novo conhecimento. Entretanto, as crianças da primeira série, em função de seu envolvimento com programas escolares de leitura, com maiores oportunidades de utilizar e aplicar suas habilidades em consciência fonêmica, demonstraram se beneficiar da instrução explícita de uso das habilidades fonológicas.

Considerando que níveis diferentes de consciência fonológica têm diferentes relações causais com a aquisição da leitura, Torgesen, Morgan e Davi (1992) realizaram um estudo a fim de comparar os efeitos de dois programas de treinamento sobre habilidades fonológicas e sua relação com habilidades de leitura. As 48 crianças do estudo foram divididas em três grupos, dois experimentais e um controle. Os programas, com duração de oito semanas para o grupo experimental 1 (GE1) e sete semanas para o grupo experimental 2 (GE2), foram desenvolvidos em sessões de vinte minutos, três vezes por semana. O treinamento foi feito em pequenos grupos de três a cinco crianças. O grupo experimental 1 (GE1) foi submetido a um programa que visava desenvolver habilidades de síntese e análise e o grupo experimental 2 (GE2) a um programa que envolvia apenas habilidades de síntese. O grupo três, controle (GC), foi submetido a atividades variadas de linguagem, tais como ouvir e dramatizar histórias, discussões sobre gravuras e eventos das histórias.

Os resultados do estudo sugerem que, embora apresentando um maior grau de dificuldade, o programa de treinamento que envolve as habilidades de análise e síntese produz melhores resultados na habilidade das crianças em segmentar palavras em fonemas. Em contraste, o grupo que recebeu treinamento apenas em síntese fonêmica não mostrou um aumento significativo nas habilidades de segmentação (análise), quando comparado ao grupo controle. O fracasso das crianças em generalizar a consciência de elementos fonológicos de tarefas de síntese para tarefas de análise sugere que o treinamento precisa ser mais completo. O conhecimento de que as palavras são formadas a partir de segmentos sonoros não garantiu a compreensão do princípio alfabético. Os resultados apontam vantagens do grupo experimental 1 (GE1) no que se refere à habilidade para aprender a ler novas palavras. As crianças desse grupo foram capazes de generalizar os conhecimentos fonológicos adquiridos, para novos contextos, como resultado de sua experiência com tarefas de análise e síntese. Assim a exposição a ambos os tipos de tarefas enriqueceu a consciência da estrutura fonológica das palavras, o que facilitou a aprendizagem de novas palavras.

As evidências obtidas por Byrne e Fielding-Barnsley (1990) de que a habilidade de reconhecimento da identidade de fonemas pode ser, inicialmente, mais útil que a habilidade de segmentação fonêmica (síntese e análise) na aquisição do princípio alfabético foram investigadas pelos mesmos autores (Byrne e Fielding-Barnsley, 1991) que desenvolveram um programa destinado a ensinar o conceito de invariância fonêmica (identidade de fonemas) para crianças pré-escolares que conhecem as letras do alfabeto. As 126 crianças participantes da pesquisa foram divididas em dois grupos, um grupo experimental com 64 crianças e um grupo controle com 62 crianças. As crianças dos dois grupos foram distribuídas em subgrupos de 4 a 6 crianças e submetidas a um programa com 12 sessões e duração de 25 a 30 minutos. O programa experimental consistia de atividades de classificação de objetos de acordo com os sons iniciais ou finais de seus nomes. O grupo controle realizou atividades de classificação de objetos com base em critérios formais ou semânticos (por exemplo, forma, cor, ser comestível ou não).

Segundo os autores, os dados mostram claramente que o reconhecimento da identidade de fonemas pode ser ensinado com o programa usado neste estudo. Além disso, os dados sugerem que pré-escolares podem reconhecer outros fonemas além daqueles para os quais foram treinados, o que indicaria que, uma vez alcançada, a habilidade de reconhecimento da identidade de fonemas é um construto estável e que programas que incluem identificação de fonemas não precisam cobrir todos os fonemas da fala. Os dados obtidos, segundo Byrne e Fielding-Barnsley, sustentam a hipótese de que o conhecimento das letras e da identidade de fonemas são habilidades necessárias, mas não suficientes para a aquisição do princípio alfabético.

A fim de obter mais evidências quanto aos efeitos da habilidade de identificação e segmentação fonêmica sobre a aquisição do princípio alfabético, Murray (1998) estudou 48 crianças pré-escolares. As crianças foram divididas em três grupos e cada grupo submetido a um programa desenvolvido em sessões diárias de 15 a 20 minutos durante 15 dias. O grupo experimental 1 (GE1), com 18 crianças, foi submetido a um programa para desenvolver habilidades de reconhecimento da identidade de fonemas. O grupo experimental 2 (GE2), também com 18 crianças, recebeu instrução em segmentação: as crianças aprenderam primeiro a segmentar conjuntos de sons (*onset* e *rime*) e depois a segmentação de fonemas. No grupo controle (GC), com 12 crianças, foram desenvolvidas atividades variadas de linguagem, sem instrução explícita em consciência fonológica.

Os resultados do estudo oferecem evidências de que a instrução em segmentação melhora a capacidade para manipular fonemas e dão apoio à explicação de que, quando a instrução enfatiza a manipulação fonêmica, as crianças aprendem melhor as habilidades de segmentação.

As análises de Murray (1998) corroboram as hipóteses de Byrne e Fielding-Barnsley (1990), ou seja, a aquisição do princípio alfabético é mais favorecida pelo reconhecimento da identidade de fonemas do que pela habilidade de segmentação. Segundo ele, a habilidade de reconhecer a identidade de fonemas é necessária para reconhecer fonemas e permite aos iniciantes comparar letras e fonemas. As crianças podem, aparentemente, ganhar habilidade para manipular fonemas sem focalizá-los como elementos comuns das palavras e, então, não perceber que as letras são sinais da pronúncia. Dito de outra forma, para o autor, aprender a identidade de fonemas e aprender a manipulá-los parecem ser tarefas distintas para o leitor iniciante. Embora os participantes do grupo de segmentação fonêmica tenham apresentado ganhos na habilidade de manipulação fonêmica, eles não parecem reconhecer que os sons manipulados são segmentos sub-lexicais encontrados nas palavras faladas.

Com base nesses achados, realizamos um estudo com crianças brasileiras cuja língua materna é o português (Santos, 2004). Elaboramos e aplicamos um programa de intervenção em consciência fonológica a um grupo de crianças brasileiras matriculadas na última série da educação infantil.

Nosso objetivo foi verificar os efeitos de um programa de intervenção em consciência fonológica sobre a aquisição da linguagem escrita em crianças pré-escolares. Perguntamos como evolui o desempenho das crianças quanto às habilidades de consciência fonológica e de escrita após a intervenção em consciência fonológica.

Participaram da pesquisa 90 alunos de 5 classes do último ano da pré-escola com idades variando entre 5;4 anos e 6;5 anos, sendo que 45 crianças compuseram o grupo experimental e 45, o grupo controle. O programa de intervenção constou de 32 sessões de aproximadamente 30 minutos, realizadas 3 vezes por semana.

Os resultados confirmaram achados de investigações anteriores, mostrando que as habilidades metafonológicas têm um importante papel facilitador no início do processo de aquisição da linguagem escrita baseada no princípio alfabético e podem se desenvolver através de programas de intervenção (Lundberg, Frost & Petersem, 1988; Schneider, Küspert, Roth, Vise & Marx, 1997; Hohn & Ehri, 1983).

Observamos que houve um favorecimento das habilidades metafonológicas nas crianças estudadas, com incidência em sua aprendizagem da linguagem escrita. Os resultados apontam uma interação entre habilidades metafonológicas e aquisição da linguagem escrita, sugerindo que o reconhecimento por parte da criança, de que a fala é segmentada em palavras e que estas podem ser segmentadas em unidades menores, é um elemento facilitador da alfabetização. Nesse período é importante que a criança já tenha compreendido que é possível usar marcas para registrar significados e que essas marcas podem ser lidas, para então compreender que os sons da fala podem ser representados através de letras e que, conseqüentemente, essas letras e conjuntos de letras podem ser reproduzidos oralmente.

Para dominar um sistema de escrita alfabética, a criança precisa aprender a pensar tanto nos sons que compõem a palavra como no seu significado. Dominar um sistema de escrita alfabética significa, portanto, reconhecer a relação entre sons e letras, ou seja, entre fonemas e grafemas.

Do ponto de vista pedagógico esta pesquisa mostrou que a compreensão do sistema alfabético da escrita pode ser facilitada através de práticas interessantes, lúdicas e agradáveis, uma vez que atividades metafonológicas podem ser desenvolvidas usando músicas, figuras, histórias, jogos e outros recursos.

Embora a pesquisa demonstre o papel facilitador destas práticas, isso não significa que na sua ausência as crianças não possam aprender a ler e escrever, mas sim que a presença de tais práticas, mesmo antes do ensino formal, pode facilitar o processo de aprendizagem.

Cabe ainda ressaltar a viabilidade e eficácia de programas de intervenção em habilidades metafonológicas para prevenir e remediar dificuldades de aprendizagem da leitura e escrita.

Consideramos de grande importância, e até mesmo necessário, que o professor de educação infantil e de alfabetização reconheça a relevância das habilidades metafonológicas para o processo de aquisição da linguagem escrita e, portanto, desenvolva práticas de ensino que incorporem atividades de linguagem oral tais como trocadilhos, músicas e poesias rimadas e jogos de linguagem, a fim de que a criança compreenda o caráter segmental da linguagem e a relação entre letra e som.

Pensamos ser um grave equívoco preconizar práticas de ensino baseadas em treinamento de habilidades fonológicas que coloquem no centro do processo de ensino da linguagem escrita a mera codificação da língua escrita. É necessário lembrar que a codificação e decodificação são apenas parte de um programa de instrução de leitura e escrita. Para que tenhamos crianças interessadas em ler, que compreendam o que lêem, que reconheçam palavras de modo facilitado e automatizado, precisamos oferecer a elas programas de instrução em linguagem escrita que ofereçam atividades variadas que possibilitem atingir esses objetivos. Nas palavras de Stahl, Duffy-Hester e Dougherty Stahl (1998), as habilidades metafonológicas representam um fator importante no início da aquisição da linguagem escrita, mas esse é apenas um dos fatores.

Pensamos que a interação em consciência fonológica e aquisição da linguagem escrita ainda não tem sido objeto, na prática de formação de professores, da atenção que ela merece, dada sua importância no processo de aquisição da linguagem escrita.

Referências

Byrne, B. & Fielding-Barnsley, R. (1990). Acquiring the alphabetic principle: a case for teaching recognition of phoneme identity. *Journal of Educational Psychology*. v. 82, p. 805-12.

Byrne, B. & Fielding-Barnsley, R. (1991). Evaluation of a program to teach phonemic awareness to young children. *Journal of Educational Psychology*. v. 83, p. 451-5.

Cunningham, A. E. (1990). Explicit versus implicit instrution in phonemic awareness. *Journal of Experimental Child Psychology*, 50, p. 429-44.

Hohn, W. E. & Ehri, L. C. (1983). Do alphabet letters help prereaders acquire phoneme segmentation skill? *Journal of Educational Psychology*, v. 75, n. 5, p.752-62.

Lundberg, I.; Frost J. & Petersem, O. P. (1988). Effects of an extensive program for stimulating phonological awareness in preschool children. *Reading Research Quartely*, 23, p. 263-68.

Morais, J.; Bertelson, P.; Cary, L. & Alegria, J. (1986). Literacy training and speech segmentation. *Cognition*, 24, p. 45-64.

Murray, B. A. (1998). Gaining alphabetic insight: is phoneme manipulation skill or identity knowledge causal? *Journal of educational Psychology*, v. 90, p.461-475.

Santos, M. J. (2004). Consciência Fonológica e Educação Infantil: aplicação de um programa de intervenção e seus efeitos na aquisição da escrita. Tese de Doutorado. São Paulo: Pontifícia Universidade Católica de São Paulo.

Schneider, W.; Küspert, P.; Roth, E.; Visé M. & Marx, H. (1997). Short-and long-term effects of training phonological awareness in kindergarten: evidence from two german studies. *Journal of experimental child psychology*, 66, p.311-40.

Stahl, S. A.; Duffy-Hester, A. M. & Stahl, K. A. D. (1998). Everything you wanted to hnov albout phonics (bit were afraid to ash). *Reading Research Quarterly* 33,(3), 338-355.

Torgesen, J. K.; Morgan, S. T. & Davis, C. (1992). Effects of two types of phonological awareness training on word learning in kindergarten children. *Journal of Educational Psychology*. 84, p. 364-70.

A dimensão morfológica nos principais modelos de aprendizagem da leitura[1]

Nathalie Marec-Breton
Jean Emile Gombert

As pesquisas atuais sobre a aprendizagem da leitura nos sistemas lingüísticos de tipo alfabético convergem ao mostrar que, entre os aspectos primordiais desta aprendizagem, está a instalação de procedimentos de reconhecimento de palavras escritas que deverão, finalmente, tornar-se automáticos, isto é, rápidos e inconscientes (Sprenger-Charolles & Casalis,1996). O leitor, assim liberado da carga da decodificação, poderá consagrar-se à gestão do significado daquilo que lê. Essa concepção confere um papel preponderante à decodificação, à montagem fonológica e às suas automatizações. No entanto, a própria estrutura dos sistemas alfabéticos conduz à indagação acerca do papel desempenhado pela dimensão morfológica na instalação destes procedimentos de reconhecimento das palavras escritas.

A maioria dos trabalhos sobre a aprendizagem da leitura de um sistema alfabético, conduzidos na psicolingüística, enfatiza a contribuição das habilidades fonológicas. Com efeito, os autores concordam sobre o fato de que a aquisição de

[1] Traduzido para o português por Maria Isabel da Silva Leme

um tal sistema depende da capacidade de desenvolver uma consciência metalingüística dos constituintes fonológicos das palavras, a chamada "consciência fonológica" (Bradley & Bryant, 1985; Demont & Gombert, 1996; Elbro, 1996; Gombert, 1992; Liberman & Shankweiler, 1989; Morais, Alegria & Content, 1987). A consciência fonológica é necessária para se ler nas línguas alfabéticas como o francês, inglês ou o português, pois seus sistemas de escrita servem para representar os fonemas da língua oral. O que não significa que a escrita limite-se à representação de unidades de segunda articulação.

A escrita combina, na verdade, dois princípios, sem os quais ela não poderia nem existir nem funcionar. O primeiro é *fonográfico*, porque permite que unidades gráficas (b-o-l-a), chamadas grafemas, sejam colocadas em correspondência com os fonemas (/b/o/l/a/) ou sílabas (bo - la). O segundo princípio é *semiográfico*, pois permite que estas unidades gráficas (gato) correspondam igualmente a formas significativas (gato => pequeno mamífero). As menores unidades de significação na língua são geralmente chamadas morfemas. Os morfemas podem constituir palavras inteiras (por exemplo, o substantivo *flor*) ou, uma parte de palavra, portadora de significação (por exemplo, cada uma das partes *–flor* e *zinha-* que compõem a palavra *florzinha*).

Dado que o sistema ortográfico representa simultaneamente os níveis fonológico e morfológico da língua oral, a fonologia e a morfologia são ambas suscetíveis de desempenhar um papel na aprendizagem da leitura (Jaffré, 1993; Jaffré & David, 1993). Parece, pois, perfeitamente legítimo perguntar-se sobre o papel da morfologia na aprendizagem da leitura. Entretanto, antes de discutir o papel atribuído a esta dimensão nos principais modelos de aprendizagem da leitura, convém relembrar em que esta consiste.

O que é ler?

A leitura é definida, por numerosos autores, como uma atividade complexa de tratamento de informações gráficas, a fim de delas extrair significação. Morais (1994; p. 116) traz a seguinte precisão: " o que existe de específico na atividade da leitura é a capacidade de reconhecimento das palavras escritas, isto é, a capacidade de identificar cada palavra como forma ortográfica que tem um significado e lhe atribuir uma pronúncia." A atividade de leitura consistiria, assim, em relacionar as representações ortográficas das palavras encontradas às representações fonológicas e semânticas a elas associadas.

Os modelos clássicos que descrevem os mecanismos em jogo, quando da identificação de palavras escritas pelos leitores proficientes, apóiam-se, em sua maioria, sobre a concepção conhecida como modelo de "duas vias" (Coltheart, 1978). Esta concepção pressupõe a existência de um léxico interno (representado pelo círculo na Figura 1), na memória de longo prazo, no qual as palavras estariam armazenadas com suas características ortográficas e fonológicas. As palavras lidas podem ser encontradas neste léxico interno por dois tipos de procedimento. O primeiro, o procedimento de endereçamento[2] (representado na Figura 1 pelo circuito em linha contínua) é direto. A palavra, em função de suas características ortográficas, está associada diretamente à unidade lexical armazenada no léxico mental. A utilização desse procedimento exige que o leitor já tenha encontrado a palavra anteriormente.

Um segundo procedimento, o de montagem[3] (representado em pontilhado na Figura 1), permite que o leitor identifi-

[2] No original em francês *adressage*.

[3] No original em françês *assemblage*.

que as palavras para as quais ele ainda não dispõe de representação ortográfica. Esse procedimento é indireto porque necessita de uma operação de montagem fonológica. A forma ortográfica é decomposta em seus diferentes grafemas, os quais são, em seguida, colocados em correspondência com os fonemas associados, a fim de reconstituir a pronúncia da palavra. A obtenção da pronúncia se faz, então, pela mediação fonológica, o que equivale a dizer por intermédio de uma análise estritamente não lexical.

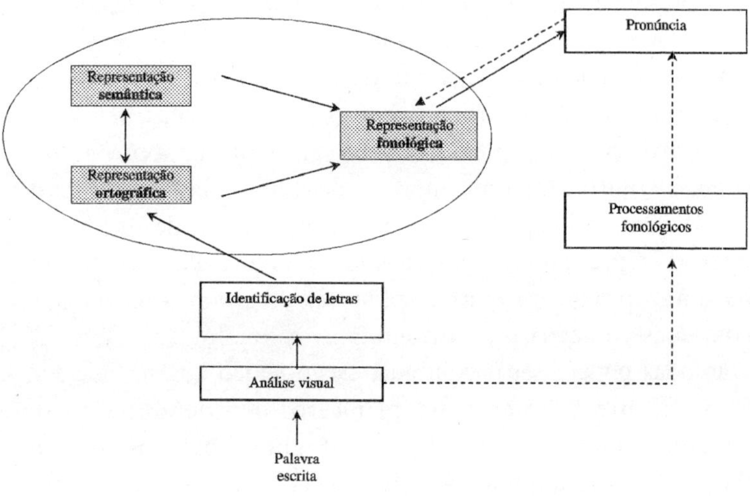

Figura 1: As duas vias de acesso ao léxico

Um segundo grande tipo de modelo se interessa pelos mecanismos em jogo no momento da identificação das palavras escritas. São os modelos conexionistas. Esses modelos, contrariamente aos precedentes, argumentam em favor de um mecanismo único que dá conta da leitura em todos os seus aspectos. A abordagem conexionista baseia-se, principalmente, em simulações computacionais de sistemas cognitivos. Nessas simulações, o sistema é um conjunto de unidades que se comunicam entre si por numerosas conexões. Cada unidade é caracterizada pelo seu nível de atividade. Os modelos que dão conta, especificamente, dos procedimentos de reconhecimento das palavras escritas (para uma revisão, veja Content, 1991) postulam a intervenção simultânea de todos os conhecimentos (lexicais e não lexicais) dos quais o leitor dispõe sobre as palavras. Esses conhecimentos não estão armazenados no léxico mental (como nos modelos de duas vias), mas correspondem a um certo nível de ativação das unidades do sistema. No modelo de Seidenberg & McClelland (1989), o conhecimento das relações entre o ortográfico e o fonológico é representado, por exemplo, por um conjunto de associações entre seqüências ortográficas e seqüências fonológicas. Estando as unidades interligadas no sistema, não é pertinente dissociar os processos ortográficos dos fonológicos.

O reconhecimento de uma palavra, nestes modelos, consistiria na reprodução de uma certa ativação do sistema. A cada palavra corresponderia uma configuração de ativação diferente. Esquematicamente, as unidades ortográficas seriam ativadas assim que o leitor visse uma palavra. Essas unidades enviariam sinais ativadores às unidades fonológicas e às unidades semânticas, conduzindo à ativação de certas configurações fonológicas e de certas significações. Por sua vez, estas configurações enviariam sinais ativadores para as unidades ortográficas, com as quais são compatíveis. A palavra seria reconhecida assim que a configuração ativada atingisse um certo limiar.

Apesar destas duas categorias de modelos não considerarem a leitura da mesma forma, elas concordam sobre o fato de que são automáticos, isto é, rápidos e inconscientes, os procedimentos de processamento de informação gráfica colocados em prática pelos leitores (mesmo os procedimentos de composição fonológica evocados pelos modelos de duas vias[4]). Aprender a ler consistiria, assim, em adquirir "reflexos" de leitura que requerem um alto grau de automaticidade.

Os modelos de aprendizagem da leitura

Os modelos de aprendizagem de leitura que predominam atualmente são os modelos de etapas, adaptações desenvolvimentais dos modelos de duas vias. Contudo, os modelos conexionistas podem, igualmente, dar conta da instalação desta habilidade.

Os modelos de etapas

De modo geral, os modelos de etapas consistem na descrição dos estágios pelos quais o leitor aprendiz passa para atingir com sucesso a leitura proficiente. Descrevem, assim, a construção e as etapas necessárias à instalação das vias de acesso.

O modelo de referência é o de Frith (1985) que distingue 3 estágios sucessivos no desenvolvimento das capacidades de reconhecimento das palavras escritas: o estágio logográfico, o estágio alfabético e o estágio ortográfico. No decorrer do *estágio logográfico* a criança «adivinha» as palavras que percebe, mas ainda não sabe ler. Esta pseudoleitura apóia-se no reconhecimento dos índices visuais intra (comprimento da palavra, forma das letras...) ou extra lexemas

[4] Ver Alegria (1991).

(rótulo, suporte...) e ignora as dimensões lingüísticas (tais como os caracteres fonológicos ou ortográficos) das palavras. Masonheimer, Drum & Ehri (1984) mostram, por exemplo, que crianças de três a cinco anos de idade, competentes no reconhecimento de marcas como *Pepsi* ou *Mc Donald,* apresentados contextualizados, são incapazes de perceber um erro gráfico integrado a uma das marcas que lhe são familiares (por exemplo *Xepsi* em vez de *Pepsi*).

Os procedimentos de identificação de palavras colocados em ação pelas crianças são os mesmos que elas usam na identificação de objetos não lingüísticos. Elas não dispõem, neste estágio, de procedimentos de processamento específicos para linguagem. Assim, as duas vias de acesso propostas pelos modelos especialistas não estão ainda instaladas.

É no decorrer da segunda etapa, o estágio alfabético, que as crianças vão desenvolver os primeiros procedimentos de análise lingüística. De fato, o estágio alfabético se caracteriza pela instalação da mediação fonológica. As crianças aprendem, neste nível, a estabelecer correspondências entre a escrita e o oral. Devem, para isso, tomar consciência das correspondências entre as letras ou grupos de letras (grafemas) e os sons (fonemas) e desenvolver habilidades de conversão grafofonológica. A instalação destas habilidades corresponde à emergência do procedimento de montagem. A utilização repetida desta via indireta vai permitir às crianças a construção de um léxico mental.

Na terceira etapa, estágio ortográfico, a existência deste léxico mental permite colocar em correspondência direta palavras escritas, já encontradas, e seus correspondentes armazenados no léxico mental. A partir deste momento, o reconhecimento de palavras escritas não necessita mais, como no estágio alfabético, recorrer sistematicamente à conversão fonológica. De fato, as crianças dispõem agora, como os leitores proficientes, de dois procedimentos de identificação de palavras: a montagem e o endereçamento. De agora em diante, as palavras podem ser reconhecidas graças a uma análise ortográfica (eventualmente morfêmica) que permite um acesso direto às representações ortográficas correspondentes.

A seqüencialidade estrita da ordem postulada no modelo de Frith foi questionada por numerosos trabalhos, notadamente aqueles baseados em observações de crianças com problemas de aquisição da leitura. Assim, Seymour (1990) propõe a coexistência dos procedimentos logográfico e alfabético no processo de elaboração do léxico ortográfico. No seu modelo, estes procedimentos, concomitantemente ao desenvolvimento de uma consciência fonológica, permitem a formação de um esquema ortográfico «centralizado», necessário ao desenvolvimento de competências avançadas em leitura e ortografia.

O modelo de desenvolvimento ortográfico de dupla base de Seymour (1997, 1999) ou de Seymour, Aro e Erskine (2003) comporta cinco componentes distintos e dois dentre eles têm este papel de base. Os processadores logográfico e alfabético constituem, de fato, a base de desenvolvimentos ulteriores, cuja existência, entretanto, não se limita às primeiras etapas da aquisição da leitura, contrariamente ao modelo proposto por Frith.

Os módulos ortográfico e morfográfico são sistemas centrais de representação. Sua instalação depende da disponibilidade das bases e do desenvolvimento do quinto módulo: a consciência lingüística. A consciência lingüística desempenha um papel importante no sistema, sem a qual este não poderia funcionar. As interações com este componente são necessárias ao desenvolvimento de outros módulos.

Para Seymour (1990, 1997, 1999) ou Seymour et al (2003), a aquisição da leitura se dá, então, em diferentes fases. Em uma primeira etapa, instalam-se os processos logográficos (implicados na identificação e armazenamento de palavras familiares) e o processo alfabético (implicado na decodificação seqüencial). Estes dois processos dependem da disponibilidade dos conhecimentos relativos às letras e sons. Assim, no que diz respeito ao processo logográfico, as representações das palavras inteiras são codificadas a partir de informações parciais ou completas sobre a identidade das letras (Ehri, 1997). Para o processo alfabético, a utilização de conhecimentos relativos às correspondências letras-sons permite codificar seqüencialmente uma palavra em uma seqência de sons.

Em uma segunda etapa, as bases sustentam o desenvolvimento da estrutura ortográfica. Os processos logográfico e alfabético permitem a elaboração de um léxico de palavras, a partir das quais, a informação ortográfica poderá ser extraída e interiorizada. O sistema se envolve, a partir destas informações, na construção de uma descrição abstrata da ortografia.

Finalmente, uma vez construída uma estrutura adequada ao nível ortográfico, instala-se um último nível: a estrutura morfológica. Esta estrutura não participa da elaboração inicial do léxico ortográfico. De fato, como no modelo de Frith, o processamento das unidades grandes como o morfema não interviria, a não ser tardiamente, nos procedimentos de identificação de palavras escritas, isto é, quando a criança domina o código alfabético e está na via da proficiência. O recurso à morfologia seria essencialmente destinado a compensar a irregularidade de certas palavras (ou a presença de certas letras "mudas", como nas palavras francesas *chat*, *lait*, *galop*) que não podem ser lidas corretamente pela simples conversão grafo-fonológica. Por outro lado, a consideração de índices morfêmicos pelas crianças permitiria a instalação de habilidades de produções ortográficas (Bryant, Deacon & Nunes, 2001; Bryant, Nunes & Aidinis, 1999; Bryant, Nunes & Bindman, 1997; Harris & Hatano, 1999; Leong, 2000; Seymour, 1997).

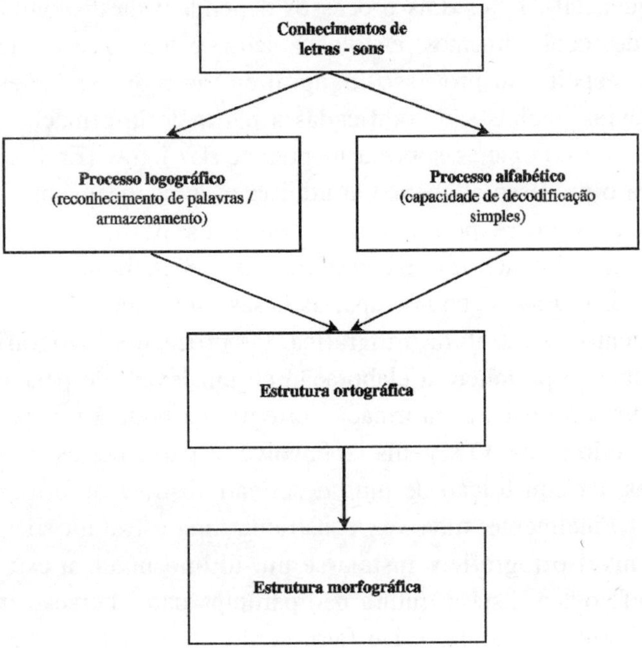

Figura 2: Etapas de aquisição da leitura propostas por Seymour et al. (2003)

Os modelos conexionistas

Os modelos conexionistas consideram a aprendizagem da leitura de modo diferente. Contrariamente aos modelos precedentes, que postulam uma evolução na natureza dos processa-

,mentos efetuados pelo leitor, os modelos conexionistas argumentam em favor de um tratamento das palavras único e indiferenciado. Só o peso das conexões entre as unidades constitutivas do sistema variaria, explicando, assim, as variações entre a leitura das palavras freqüentes e a das palavras raras, ou entre a das palavras regulares e a das palavras irregulares. Quanto mais freqüentemente ativada no sistema a configuração, mais forte seria o peso das conexões entre as unidades. Assim, no modelo de Seidenberg e Mc Clelland (1989), cada unidade é caracterizada pelo seu nível de atividade. Contudo, a cada instante, as unidades modificam sua ativação, em função dos sinais que recebem. Para as palavras familiares, o conjunto de letras ativadas seria tão freqüente que as conexões entre letras e estas configurações ortográficas, como as informações a elas associadas, tornar-se-iam muito fortes, o que conduziria ao fato de que umas e outras poderiam se ativar automaticamente, permitindo o reconhecimento destas palavras como globalidades.

Antes da aprendizagem, o sistema não dispõe de conhecimento, o que se traduz pelo fato de que todas as unidades são conectadas com o mesmo peso. A aprendizagem vai, assim, consistir no estabelecimento de conexões particulares, que refletem os conhecimentos do aprendiz-leitor sobre unidades fonológicas, ortográficas e semânticas. Entretanto, na maioria das simulações desses modelos teóricos, só é levada em conta a parte dos modelos relativa às unidades ortográficas e fonológicas.

O estudo de Seidenberg e Mc Clelland (1989), por exemplo, consistia no treinamento de uma rede para converter as formas ortográficas em formas fonológicas. O treinamento consistia em expor o sistema a um *corpus* de cerca de 3.000 palavras em inglês. A probabilidade de apresentação de palavras dependia da sua freqüência na língua, e a técnica de ensino-aprendizagem estava baseada na retropropagação do erro (este princípio seria totalmente abandonado na versão do modelo apresentada em Plaut, McClelland, Seidenberg & Patterson, 1996). Inicialmente, as conexões da rede eram fixadas aleatoriamente, em seguida, o procedimento consistia em medir a diferença entre a resposta observada a cada estimulação e a resposta desejada no final da aprendizagem. As características das conexões eram em seguida modificadas, de maneira a reduzir a diferença obtida. Estas modificações sucessivas permitem atingir, progressivamente, o comportamento desejado. De fato, o desempenho do sistema simulado por Seidenberg e McClelland mostra uma série de características diretamente comparáveis às observações experimentais em denominação pelo leitor competente. Assim, os sistemas, tais como este de Seidenberg e McClelland (1989) (revistos em Plaut et al,1996), ou ainda, Coltheart, Curtis, Atkins & Haller (1993), são capazes de pronunciar os itens que encontram pela primeira vez, produzem erros do mesmo tipo que os do leitor humano, e podem melhorar sua pronúncia se encontram várias vezes os mesmos itens.

Morfologia e aprendizagem da leitura

Os principais modelos da aprendizagem da leitura convergem, então, em demonstrar que um dos aspectos primordiais desta aprendizagem é a instalação dos procedimentos de reconhecimento das palavras escritas. O objetivo da aprendizagem da leitura consistiria, como indicam Colé e Fayol (2000 p.158), «em desenvolver procedimentos automáticos de reconhecimento das palavras escritas, os quais, ao liberar o aprendiz-leitor dos procedimentos de decodificação implicados neste reconhecimento, permitirão a ele atingir um nível de compreensão do que é lido, igual àquele que é capaz de atingir no oral» (ver igualmente a esse respeito Sprenger Charolles & Casalis, 1996).

Ocorre que estes modelos conferem um papel preponderante à decodificação, à montagem fonológica, a suas automatizações e ignoram quase que totalmente a dimensão semiográfica das palavras. De fato, os principais modelos de aprendizagem da leitura não levam em conta o tratamento morfológico de palavras, ou consideram que ele não é instalado a não ser tardiamente (Frith, 1985; Seymour, 1997, 1999, Seymour et al., 2003). No modelo de etapas de Frith, o tratamento morfológico das palavras escritas não ocorre senão no estágio ortográfico, isto é, no momento em que as palavras são analisadas em unidades ortográficas. Da mesma forma, se Seymour (1997) considera uma estrutura morfográfica, que descreve as propriedades morfológicas das palavras, o desenvolvimento desta estrutura é, também, tributário da construção de uma estrutura ortográfica. Enfim, nos modelos conexionistas, a dimensão morfológica sendo considerada "a characterisation of the learned mapping between the surface forms of words (orthography, phonology) and their meaning (semantics)" (Plaut & Gonnerman, 2000, p. 449) é, então, grandemente negligenciada. Esses modelos aproximam-se, neste ponto das concepções simbólicas que tratam, em grande medida, do domínio progressivo do código alfabético.

Entretanto, primeiros resultados sugerem que sobre o modelo daquilo que se sabe sobre os laços entre fonologia e leitura, a morfologia é considerada precocemente nos tratamentos feitos pelo aprendiz-leitor. Em diferentes experiências (ver, por exemplo, Colé, Marec-Breton, Royer & Gombert, 2003 ou Colé, Royer, Hilton, Marec-Breton & Gombert, submetido) nossos resultados mostram que a morfologia intervém no reconhecimento das palavras escritas, desde o primeiro ano de aprendizagem da leitura, quando as crianças não dominam totalmente o código alfabético. De fato, nós observamos que as crianças lêem melhor as palavras iniciadas por prefixos (como a palavra *recair*; *retomber* em francês) que as palavras iniciadas com pseudo-prefixos (*respirar* ou *despertar*; ou *renifler* em francês); e que lêem melhor as pseudo-palavras iniciadas por prefixos (*rebeber*), construída pela associação do prefixo "*re*" com a palavra "*beber*";) do que as pseudo-palavras não iniciadas por prefixos (*repator* construída pela associação "*re*" à pseudo palavra *pator*). Estes resultados sugerem, não somente, que o leitor é sensível à estrutura morfológica das palavras que encontra, mas, também, que a consideração desta estrutura facilita o processamento.

Convém, então, sem dúvida, dar a esta dimensão um outro lugar do que aquele sugerido nos modelos "clássicos" da aprendizagem da leitura.

Referências

Alegria, J. (1991). Mécanismes spécifiques de la lecture: l'identification des mots écrits. In: A. Bentolila (Ed.), *Entretiens Nathan: Lecture et écriture, Actes II* (p. 51-65). Paris: Nathan.

Bradley, L., & Bryant, P. (1985). *Rhyme and reason in reading and spelling*. Ann Arbor: University of Michigan Press.

Bryant, P., Deacon, S. H., & Nunes, T. (2001). *Morphology and spelling*. Paper presented at the NATO Advanced Study Institute: «Literacy acquisition, assessement and intervention: The role of Phonology, Orthography and Morphology», Barga, Italy, 5-16 Novembre.

Bryant, P., Nunes, T., & Aidinis, A. (1999). Different morphemes, same spelling problems: cross-linguistic developmental studies. In M. Harris & G. Hatano (Eds.), *Learning to read and write, A cross-linguistic perspective* (p. 112-33). Cambridge: Cambridge University Press.

Bryant, P., Nunes, T., & Bindman, M. (1997). Children's understanding of the connection between grammar and spelling. In B. A. Blachman (Ed.), *Foundations of reading acquisition and dyslexia: Implications for early intervention* (p. 219-40). Mahwah, NJ, US: Lawrence Erlbaum Associates.

Colé, P., & Fayol, M. (2000). Reconnaissance de mots écrits et apprentissage de la lecture : rôle des connaissances morphologiques. In M. Kail & M. Fayol (Eds.), *L'acquisition du langage* (vol. 2, p. 151-81). Paris: Presses Universitaires de France.

Colé, P., Marec-Breton, N., Royer, C., & Gombert, J.-E. (2003). Morphologie des mots et apprentissage de la lecture. *Rééducation Orthophonique*, 213, p. 57-6.

Colé, P., Royer, C., Hilton, H., Marec-Breton, N., & Gombert, J.-E. (sous presse). Morphology in reading acquisition and dyslexia. In: J.-P. Jaffré & M. Fayol & J. C. Pellat (Eds.), *The semiography of writing*: Kluwer Academic Publishers.

Coltheart, M. (1978). Lexical access in simple reading tasks. In: G. Underwood (Ed.), *Strategies in information processing* (p. 151-216). London: Academic Press.

Coltheart, M., Curtis, B., Atkins, P., & Haller, M. (1993). Models of reading aloud: dual-route and parallel-distributed processing approaches. *Psychological Review*, 100, n. 4, 589-608.

Content, A. (1991). La reconnaissance des mots écrits: approche connexionniste. In: R. Kolinsky, Morais, J., et Segui, J., (Ed.), *La reconnaissance des mots dans les différentes modalités sensorielles* (p. 237-75). Paris: PUF.

Ehri, L. C. (1997). Learning to read and learning to spell are one and the same, almost. In: C. A. Perfetti & L. Rieben & M. Fayol (Eds.), *Learning to spell: Research, theory, and practice across languages* (p. 237-69). Hillsdale: Lawrence Erlbaum Associates.

Frith, U. (1985). Beneath the surface of developmental dyslexia. In: K. E. Patterson & J. C. Marshall & M. Coltheart (Eds.), *Surface Dyslexia: Neuropsychological and cognitive studies of phonological reading* (p. 301-30). London: Routledge & Kegan Paul.

Harris, M., & Hatano, G. (1999). *Learning to read and write.* Cambridge: Cambridge University Press.

Jaffré, J.-P., & David, J. (1993). Génèse de l'écriture: systèmes et acquisition. *Etudes de Linguistique Appliquée*, 91.

Leong, C. K. (2000). Rapid processing of base and derived forms of words and grades 4, 5 and 6 children's spelling. *Reading and Writing: An Interdisciplinary Journal*, 12, 277-302.

Masonheimer, P. E., Drum, P. A., & Ehri, L. C. (1984). Does environmental print identification lead children into word reading? *Journal of Reading Behavior*, 16 (4), p. 257-71.

Morais, J. (1994). *L'art de lire.* Paris: Editions Odile Jacob.

Plaut, D. C., & Gonnerman, L. M. (2000). Are non-semantic morphological effects incompatible with a distributed connectionnist approach to lexical processing? *Language and Cognitive Processes*, 15 (4/5), 445-485.

Plaut, D. C., McClelland, J. L., Seidenberg, M. S., & Patterson, K. E. (1996). Understanding normal and impaired word reading: Computational principles in quasi-regular domains. *Psychological Review*, 103, 56-115.

Seidenberg, M. S., & McClelland, J. L. (1989). A distributed, developmental model of word recognition and naming. *Psychological Review*, 96, 4, p. 523-68.

Seymour, P. H. K. (1990). Developmental dyslexia. In M. W. Eysenck (Ed.), *Cognitive psychology, n international review* (p. 135-94). Londres: John Wiley & sons.

_______. (1997). Les fondations du développement orthographique et morphographique. In L. Rieben & M. Fayol & C. A. Perfetti (Eds.), *Des orthographes et leur acquisition* (p. 385-403). Lausanne: Delachaux et Niestlé.

________. (1999). Cognitive architecture of early reading. In I. Lundberg & E. E. Tonnenssen & I. Austad (Eds.), *Dyslexia: Advances in theory and practice* (p. 59-73). Dordrecht: Kluwer.

________, Aro, M., & Erskine, J. M. (2003). Foundation literacy acquisition in European orthographies. *British Journal of Psychology, 94*, 143-174.

Sprenger-Charolles, L., & Casalis, S. (1996). *LIRE - Lecture et écriture: acquisition et troubles du développement.* Paris: Presses Universitaires de France.

Tutoria: resgatando uma antiga estratégia para aprender na escola

Irene Franciscato
Maria Regina Maluf

Em meados do século XIX, Machado de Assis, em *Conto de Escola* (Assis, 1998) tomava como cenário um episódio ocorrido, em sala de aula, com três personagens principais: Policarpo, Raimundo e Pilar. Policarpo se apresenta como mestre que literalmente *passa* a tarefa aos alunos. De vez em quando interrompe a leitura do jornal que faz sentado à mesa, levanta a cabeça e observa os alunos para que todos continuem a fazer silenciosamente a lição. Os outros dois personagens, Pilar e Raimundo, alunos e amigos, comunicam-se com voz baixa e movimentos contidos para que o professor não perceba o que acontece. A razão da comunicação se dá pelo fato de Raimundo ter se deparado com algumas dificuldades para realizar a lição e, assim, procura Pilar, amigo mais adiantado, de quem poderia obter ajuda para superá-las. Desta feita, Raimundo oferece-lhe reluzente moeda de réis em troca da ajuda necessitada. Pilar, que já lhe ensinara em outras ocasiões e que o faria mais uma vez, não resiste à tentação de obtê-la de imediato. Trato feito em voz baixa, tudo daria certo não fosse outro aluno, parecendo inimigo dos dois, que alertava o professor para o fato. O desfecho, quando alunos tentam ajudar uns aos outros sem autorização do professor, já seria o esperado: a intervenção do mestre condenando a interação entre colegas, revelando-se, assim, a firme crença de que a aprendizagem e o desenvolvimento dar-se-iam apenas pela resolução individual da tarefa e na interação exclusiva do aluno com o professor. A concepção de aprendizagem expressa na figura imaginária do professor Policarpo continua no século XX, concretizadas por práticas reais. Embora as interações de ajuda entre crianças de diferentes idades e saberes fosse desde sempre um fato corrente e espontâneo no interior das famílias – dado o maior número de irmãos -, ou na exterioridade das ruas – devido a brincadeiras entre crianças da vizinhança –, quando estas chegavam à escola, a ajuda entre colegas passava a ser objeto de censura. Ainda que não se pudesse negar a tolerância da escola quanto às interações entre as crianças nos momentos de entrada ou recreio como momentos de socialização dos alunos, a possibilidade de que estas fossem intencionalmente estimuladas durante as aulas tinha pouca atenção dos educadores. Enquanto isso, mães atentas ao desenvolvimento dos filhos sempre relataram, para quem lhes desse a devida atenção, que filhos mais jovens e menos experientes adquiriam algumas habilidades muito antes do que os mais velhos ou primogênitos, mostrando empiricamente que trocas espontâneas entre crianças na qual a ajuda estava presente desempenhava papel importante no desenvolvimento infantil.

Sobretudo a partir das décadas de 1970 e 80, em virtude de resultados de pesquisas que retomavam o importante papel das interações sociais também para o desenvolvimento cognitivo, o modelo escolar em que predominava a interação do adulto com a criança começa a ser questionado e a ceder espaço para as interações entre crianças, enquanto importante estratégia na promoção da aprendizagem.

É nossa intenção recuperar aqui a trajetória das investigações sobre interação social, especialmente aquela que mais nos interessa, denominada *tutoria*, em que crianças ajudam, orientam ou ensinam outras. Como alguns estudiosos que se dedicam às interações entre crianças alertam, a importância das interações entre crianças ainda precisa ser compreendida com maior clareza, para que suas implicações sejam levadas a cabo através de melhor sistematização no campo educacional (Seidl de Moura, 1998). Para atingir nosso objetivo, trataremos inicialmente do que entendem os teóricos por interação social, e, em seguida, nos ocuparemos da tutoria.

Entendendo o conceito de interação social

Conceituar *interação social* na Psicologia é tarefa complexa, que enfrentaremos nos limites deste trabalho. Ao depreender o conceito de interação social presente nos trabalhos de pesquisa analisados, deparamo-nos com alguns problemas. Um deles decorre do empréstimo, pela Psicologia, de termos provenientes de outras áreas do conhecimento. Problema semelhante ocorre também, por exemplo, com o conceito de homeostase, na teoria piagetiana, originariamente presente na Biologia e com o conceito de energia psíquica, na teoria psicanalítica, migrante do conceito de energia, originário da Física. No que diz respeito ao conceito de interação social, há que se observar que, na Física, interação significa ação mútua entre duas partículas ou dois corpos, ou ainda, força que duas partículas exercem uma sobre a outra quando estão suficientemente próximas (Ferreira, 1995, p. 365). Segundo Carvalho (1988), quando adotado pela Psicologia o conceito de interação social, parece ter perdido um pouco do seu sentido original como sua característica incondicional de reciprocidade, sendo que alguns estudos adotam transformações no termo para contato social ou comportamento socialmente dirigido, sem que seja necessariamente observada a presença da reciprocidade entre as partes que interagem.

É nosso entendimento que não só a perda de elementos originalmente presentes em decorrência da constituição de um corpus teórico específico da Psicologia, mas também a necessidade de ajustar o conceito à realidade social que se transforma, pode influenciar as mudanças no conceito. Esse parece ser o caso do quesito proximidade, presente na Física, que hoje traz problemas para a Psicologia quando toma as interações mediadas pelos recursos da informática: de acordo com tal quesito, proximidade, a interação de jovens nas salas de bate-papo corporalmente distantes não seria considerada interação social. No entanto, apesar da distância, a reciprocidade se faz presente nesse tipo de interação em decorrência do avanço tecnológico do último século e de seus reflexos na comunicação humana.

Decorrente de transformações de mesma natureza, a vídeo-gravação (Perosa, 1993) é um instrumento recente que hoje possibilita a captura de dados anteriormente impossíveis de serem capturados sobre interação entre crianças bem pequenas, sendo outro exemplo de transformação do real ao qual o conceito teórico necessita ser ajustado, devido aos novos dados surgidos graças mais uma vez ao desenvolvimento de novas tecnologias. Seja pelo recurso da filmagem das situações interativas ou pela ampliação da faixa etária dos sujeitos observados, integrando-se a ela inclusive os bebês em interação, seja ainda pela conjugação dessas duas condições, ao estudarem interações entre crianças muito pequenas que não adquiriram a fala, estudiosos afirmam que, para a ocorrência da interação social, deve-se considerar um conjunto de características: 1. *comportamento socialmente dirigido de ambas as partes*, isto é, deve haver reciprocidade entre um e outro; 2. *contingência temporal*, isto é, o comportamento socialmente dirigido de B deve estar relacionado ao comportamento de A; 3. *objetivo comum das duas partes*, que definirá a necessidade de compartilhar algo através do qual ações intercaladas de cada um se modificam para se ajustar a um tema comum. No entanto, alguns desses estudiosos continuam a afirmar que a *reciprocidade* só é plenamente alcançada quando se desenvolve a linguagem oral (Perosa, 1993).

Uma outra questão diz respeito a como os teóricos se referem à interação social: enquanto alguns revelam a preocupação em conceituá-la com maior precisão, outros se referem à interação social referindo apenas algumas de suas características. No primeiro grupo podemos citar a preocupação de Hinde (1979) em delimitar o que se entenderia por interação social. Admitindo que sempre haverá uma certa arbitrariedade na tarefa de conceituar o que seria a interação social, defende que esta deva ter *reciprocidade*, isto é, A tem um comportamento *x* com B e B responde com um comportamento *y* para A; *mutualidade*, isto é, o comportamento de um leva em conta o comportamento do outro; *intermitência e continuidade*, isto é, entre A e B, deve haver um certo número de trocas que se mantêm por algum tempo. Observa ainda que ao identificar as características incondicionais da interação social, quanto à mutualidade, necessariamente não há cooperação, já que tanto amigos como inimigos podem interagir mutuamente, os primeiros provavelmente cooperando entre si e os outros competindo ou agredindo uns aos outros. Uma outra observação interessante feita por esse estudioso da corrente etológica é que, em relação à reciprocidade, há necessidade de flexibilidade no seu delineamento, já que em algumas situações interativas torna-se difícil distinguir sinais expressos de sinais especificamente direcionados de uma pessoa à outra. No limite máximo desta flexibilidade, Hinde admite que mesmo na condição em que B não reage diretamente a A, haverá interação social, porque o silêncio de B pode funcionar como uma reação importante para A.

Entre aqueles que se referem à interação social sem conceituá-la claramente, encontramos termos que em nosso entendimento equivalem à *reciprocidade*, enquanto constituinte da interação social, como por exemplo, *bidirecionalidade* em Schaffer (1984). Da mesma forma, equivalente à reciprocidade e mutualidade, o conceito piagetiano de *cooperação*, como um ajuste de novas operações em comum surgidas de operações anteriores e diferentes em cada um dos parceiros. Entre pesquisadores brasileiros vygotskianos, equivalente à reciprocidade ainda se encontra o termo *negociação* (Nogueira, 1993) ou *trocas dialógicas* (Góes, 1995). Entre as diferentes correntes teóricas que enfatizam a importância das interações para o desenvolvimento está também a psicologia social genética, em que se destaca Perret-Clermont (1978) e colaboradores, na adoção do construto de *conflito sociocognitivo* como componente da interação social entre parceiros para se referir a um mecanismo que favorece o desenvolvimento cognitivo. Entendem que o conflito sociocognitivo decorre de um grau ótimo de divergência das opiniões dos sujeitos envolvidos na interação, responsável por novas coordenações de esquemas que contribuem para o desenvolvimento infantil. Já para os seguidores da corrente sócio-histórica, apoiando-se em Vygotsky (1991), para quem a construção dos processos mentais e da cultura se desenvolvem pela interação social, é a interação social conceituada como *unidade da construção da subjetividade de cada um e da história de todos* (Aranha, 1993).

Em síntese, na tentativa de conceituar *interação social*, percebemos que ao longo do tempo o conceito sofre algumas transformações decorrentes de três fatores: das mudanças do contexto social em que concretamente ocorrem as interações, como a incorporação aos procedimentos de pesquisa de novos recursos tecnológicos; do quadro teórico-metodológico ao qual se subordina o pesquisador, usuário do conceito, como quando se explica a interação social pela reciprocidade, para alguns, ou pela regulação, para outros; e, finalmente, no interior do mesmo quadro teórico, da atenção maior ou menor entre os pesquisadores quanto a sua clara explicitação. Parece-nos que reciprocidade e regulação entre parceiros apresentam-se como sinônimos de um quesito fundamental para conceituar a interação social: o de afetar o outro e ser afetado pelo outro quase que simultaneamente, através da manifestação de diferentes formas humanas de linguagem, desde as primeiras e mais simples, como o olhar, gestos e pequenas ações corporais, como ocorre entre bebês, até a verbalização, como ocorre entre crianças maiores ou entre adultos, que não deixando de manifestar as primeiras, ampliam-nas muito mais com o desenvolvimento da linguagem oral, no caso dos ouvintes, ou sinalizada, no caso dos surdos.

Tutoria: um modo particular de interação social

Nos estudos sobre interação entre pares, quando dialogamos com aqueles que se referem à tutoria, a atenção a sua conceituação, enquanto um modo particular de interação social, também parece dispensada por seus autores. Contudo, a utilização da palavra *tutoria* associada a desempenho de crianças enquanto professores de outras crianças na escola ou em outros contextos (Hartup, 1983), ou ao auxílio, ajuda, ensino, orientação de uma criança a outra(s) parece conter seu principal sentido (Barnier, 1989; Carvalho, 1996; Lordêlo, 1986; Rehberg & Richman, 1989) expresso nesses trabalhos. Por outro intento, valendo-nos da consulta ao dicionário de nossa língua materna (Ferreira, 1995, p. 655), encontramos o termo *tutela* e *tutoria* com significação semelhante. Além do sentido da perspectiva legal de custódia de uma pessoa menor, encontrado para definir *tutela*, tanto este termo quanto o termo *tutoria* apresentam-se convergentes no sentido de amparo e proteção.

Ao adotarmos aqui o termo *tutoria*, nosso entendimento é o de que tutoria é um modo específico de interação social em que um dos parceiros, o mais adiantado numa dada habilidade num dado momento de seu desenvolvimento, ensina ou orienta o outro, menos adiantado nessa mesma habilidade, num dado momento de seu desenvolvimento. Abarca o sentido de amparo e proteção temporárias originariamente contidos nos termos tutela e tutoria de nossa língua e mantém a idéia de ajuda através do ensinamento de uma pessoa a outra sobre alguma coisa.

Esse particular modo de interação social pode ocorrer em situações espontâneas ou em situações intencionalmente criadas para que o ensino de um parceiro ao outro venha a ocorrer mediado pela realização de alguma tarefa. Pode ainda o ensino, ou orientação de um ao outro, dar-se apenas através da orientação oral (Barnier, 1989) ou, quando a tarefa permitir, ser acompanhado de demonstração (Verba, 1996; Franciscato, 2003). Mantendo-se o nível de competência diferenciado entre parceiros, a interação tutor-tutorado pode ocorrer num mesmo período do desenvolvimento humano (na infância, entre crianças; na adolescência, entre jovens, ou na idade adulta, entre adultos) ou combinando-se períodos de desenvolvimento diferentes (idade adulta e infância, idade adulta e adolescência, adolescência e infância).

Ainda, num mesmo período de desenvolvimento, a interação tutor-tutorado pode ocorrer entre idades iguais ou bem próximas (por exemplo, na infância, tutor de 12 anos e tutorado de 11 anos; na adolescência, tutor de 18 anos e tutorado de 17 anos) ou pode ocorrer entre idades distintas (por exemplo, na infância, entre um tutor de 10 anos e tutorado de 7; na adolescência, com jovem de 19 anos e tutorado de 16).

É também nosso entendimento que a interação social tutor-tutorado possa ocorrer em diferentes composições, como em díade, com um tutor e um tutorado; em trio, com um tutor e dois tutorados; no pequeno ou grande grupo, respectivamente com um tutor e quatro ou mais tutorados, mantendo-se sempre o nível de competência diferenciado.

Explicitado nosso entendimento sobre *tutoria*, a seguir tratamos de sua trajetória enquanto um modo particular de interação social. Sem a pretensão de esgotar o tema, para esse empreendimento contribuem conosco o trabalho de Barnier (1994), pesquisador francês que nos possibilitou o entendimento de sua origem, até chegarmos a trabalhos recentes como os de Nemirovsky (1992) e Verba (1996), entre outros.

Um pouco da trajetória dos estudos sobre tutoria

A afirmação de Bruner (1983), de que não só a capacidade de aprender, mas também a capacidade de ensinar nos caracterizam enquanto espécie, parece-nos significativa no sentido de corroborar a importância da investigação sobre trabalhos que têm a ver com a tutoria.

Familiarizados com a freqüente idéia de que o ensinar-aprender ocorra predominantemente com a parceria adulto-criança, nós nos perguntamos inicialmente se estaria nessa única forma de agrupamento a origem da tutoria. O resgate histórico da tutoria levado a cabo por Barnier (1994) responde-nos negativamente, isto é, na trajetória das práticas tutoriais, a tutoria foi exercida não só entre adultos e crianças, mas também entre outras parcerias como a de jovens e crianças e, com freqüência, também em parcerias de crianças.

Origens da tutoria

Ao buscar os antecedentes da tutoria, encontramos em Barnier (1994) referência a três importantes pensadores: Sócrates, Quintiliano e Comenius. Sócrates, na Antigüidade, referia-se ao par adulto-adulto, enquanto Quintiliano, no século IV, e Comenius, no século XVII, referiam-se, além daquele, ao par criança-criança.

Na maiêutica socrática, estava presente o princípio de que através do encaminhamento de perguntas do mais sábio a seu discípulo, este último desenvolveria seu próprio pensamento ao tomar consciência de quanto eram insuficientes suas respostas iniciais. Assim, através das perguntas, o sábio levaria seu parceiro, o que sabia menos, à contradição e à consciência das limitações do seu saber, o que o introduzia em uma reflexão anteriormente inexistente. Quintiliano defendia que as crianças, a partir dos 7 anos, recebessem ensinamento coletivo, umas junto a outras. No contato entre pares, mediante a imitação de umas às outras, a comparação entre elas e também o auxílio mútuo, as crianças aprenderiam mais e melhor do que se instruídas individualmente. Ainda no pensamento do pedagogo, as crianças mais jovens imitariam mais facilmente seus condiscípulos, naquilo que estes soubessem fazer ou explicar, do que se imitassem o próprio mestre; os mais adiantados se beneficiariam da comparação de si com os outros, além de aprenderem modos mais brandos de ensinar aos colegas mais jovens. Comenius, na dedicação especial que dava ao ensino, também postulou que todos ensinavam a todos, ou seja, complementarmente ao ensino do mestre, os alunos deveriam ensinar uns aos outros para melhor aprenderem. Nessa educação coletiva, a didática deveria se pautar em questionamento, fixação de conteúdo e ensino do que foi aprendido entre colegas. No que se refere ao questionamento, seria esse o procedimento que levaria o aluno a consultar livros e a indagar seus pares, porém embora Comenius o valorizasse, insistia também no ensino por parte dos alunos, pois acreditava que, ao fazerem o papel de mestre em relação aos colegas, instruiriam a si mesmos, apropriando-se efetivamente do saber. Destaque-se que nessa época, tanto Quintiliano como Comenius já apontavam vantagens não só para a criança que aprendia com o colega como também para a criança que ensinava o colega.

Na velha Europa, essas idéias embrionárias da tutoria se refletiram em propostas educacionais como as experiências educacionais francesas dos séculos XVI a XVIII. Dada a conjuntura social e econômica desse período, práticas de monitoramento e ensino mútuo foram adotadas. Escolas francesas mantidas pela caridade, com número insuficiente de pessoal capacitado, adotaram o ensino entre alunos complementarmente à lição coletiva: supervisionados pela mestra, alunos maiores e mais capazes orientavam alunos menores em leitura e escrita. Essa prática deu origem ao monitoramento, no qual mais tarde, alunos monitores passaram a se enquadrar na organização da escola, escolhidos entre os mais adiantados e mais sérios de cada classe. Nomeados como assistentes, assumiam funções relativas à disciplina, freqüência, entrega de materiais, solicitação das lições aos pares e elaboração de exercícios, seguindo orientação geral do mestre.

Adentrando ao século XIX, sob efeito da Revolução Industrial na Inglaterra, o ensino primário em massa tornara-se uma questão preocupante quanto ao mínimo de instrução a ser alcançado, pois ler, escrever e contar deveriam ser habilidades necessárias que toda a população deveria adquirir para responder às transformações que o início da industrialização demandava. Inicia-se naquele país um tipo de monitoramento denominado Sistema Monitorial, de Bell e Lancaster, seus mentores. Tal sistema propagava a instrução básica através de classes com centenas de crianças sob orientação de um mestre e respectivos monitores que o auxiliavam. Esses monitores eram escolhidos entre os alunos mais adiantados e tinham por função ensinar a seus pares os rudimentos da leitura, escrita e aritmética. Esse sistema inspirou e se propagou por países próximos, entre eles a França, que embora visasse ao antigo anseio de democratização da instrução, proclamado na Revolução Francesa, ali o manteve por algum tempo, em decorrência da falta de recursos financeiros. Mas enquanto vigorou no território francês, também funcionou com um professor assistido de monitores, em aulas para mais de cem crianças, sendo esses monitores os alunos mais adiantados que ensinavam aos outros o mesmo que aprendiam (Barnier, 1994).

No século XX, práticas monitoriais ressurgem no campo educacional, entre as décadas de 1960 e 70, através da criação de programas especiais de ensino. Programas norte-americanos tiveram a finalidade de minimizar a heterogeneidade cultural americana, favorecendo assim crianças advindas de meio social desfavorecido. Nesses programas, os arranjos interativos variaram entre adulto-criança, jovem-criança, jovem-jovem e criança-criança. Entre eles, destaca-se o projeto denominado Comunidade Tutorial, originado da preocupação com o fracasso escolar de culturas étnicas mal integradas, e a impossibilidade de atendimento mais individualizado. Desenvolvido em escola primária, esse programa preparava aqueles alunos considerados de nível escolar superior, pelos professores, sendo que o pareamento de díades tanto ocorria entre alunos da mesma série e classe, combinando-se aquele aluno que mostrava maior domínio de conhecimento escolar com o de menor domínio, quanto ocorria entre alunos de séries diferentes, como quando alunos do colégio tutoravam os alunos mais velhos da escola primária. Em outra experiência americana, no Projeto ASPIRAMACE, estudantes universitários bilíngües da cidade de Chicago tutoraram crianças porto-riquenhas e mexicanas, com o objetivo de que estas melhorassem o desempenho lingüístico.

Práticas com vistas à minimização do fracasso escolar na leitura foram encaminhadas também na Bélgica. Crianças de 11 e 12 anos auxiliaram voluntariamente crianças de 7 e 8 anos que apresentavam dificuldade nessa habilidade. Nessa experiência, as crianças que auxiliavam as outras não eram os melhores alunos da turma, mas alunos cujos professores avaliaram poderem se beneficiar da tutoria, de alguma forma, por assumirem a tarefa de orientarem seus companheiros.

Não mais com a finalidade compensatória de educação, mas se aproximando a tutoria de uma possível estratégia de aprendizagem entre alunos, ou seja, da possibilidade de poder aprender ao mesmo tempo em que ensina, a interação entre alunos com vistas ao aprofundamento nos estudos foi adotada no ensino universitário. Na Universidade McGill, alunos norte-americanos foram orientados a estudar em duplas, ora fazendo revisão conjunta do programa desenvolvido e elaborando questões um ao outro para que em seguida fossem respondidas, ora cada um, responsável por uma parte diferente do conteúdo, explicando esse conteúdo ao colega e lhe propondo questões para serem solucionadas, invertendo-se em seguida os papéis.

Na Inglaterra, no projeto denominado Pimlico Connexion (Goodlad & Hirst, 1989) já há quinze anos, atrás, estudantes de uma universidade londrina, num período de quinze semanas, tutoraram alunos da escola primária e do colégio, uma vez por semana, nas disciplinas de matemática, ciência e tecnologia. Nesse projeto, destaca-se a dupla finalidade de possibilitar aos tutores a oportunidade de ensinar aos mais jovens ao mesmo tempo em que se possibilita aos tutorados tornar as referidas disciplinas mais agradáveis. Num outro programa, alunos ingleses do último ano de engenharia mecânica orientam estudantes do primeiro e segundo ano num projeto de mecânica e informática, como parte integrante da formação de todos os alunos do quinto ano e ao seu final, estudantes tutores e estudantes tutorados o avaliam e validam.

Em Israel, no projeto PERACH (Barnier, 1994), na década de 1970, estudantes voluntários israelenses tutoraram cerca de 12.000 alunos do ensino primário, fora do horário de aula, durante sete meses do ano, duas vezes por semana, duas horas cada vez, em díades. Apoiados por coordenadores, esses tutores estimulam o desejo de aprender dos tutorados e os ajudam na consolidação dos conhecimentos gerais e, enquanto o fazem, reforçam a própria confiança quanto à capacidade em ajudar o parceiro.

Ainda em Barnier (1994), benefícios tanto da monitoria quanto da tutoria são referidos na avaliação desses programas e projetos. Por exemplo, no que diz respeito às crianças tutoradas, os programas de ensino norte-americanos vigentes nas décadas de 1960 e 70 destinados àquelas crianças com desempenho escolar insatisfatório referem proveito, inclusive das mais atrasadas, atribuído à individualização do ensino possibilitado pela tutoria. Por sua vez, no que diz respeito às crianças tutoras, estas também retiraram múltiplos proveitos da tutoria não só no plano sócio-relacional e imagem de si como também no que diz respeito ao desempenho escolar propriamente dito na medida em que, ao ensinar aos colegas, aprendiam mais.

Proveitos da tutoria para tutores e tutorados também são mencionados no projeto inglês Pimlico Connexion (Gooddlad e Hirst, 1989) e no projeto israelense PERACH (Barnier, 1994). No primeiro, avalia-se como vantagem para a criança tutorada o apoio recebido para superação de suas dificuldades, e como vantagem para a criança tutora, a oportunidade de aprofundar o conhecimento que já possui. Indica-se ainda vantagem também para o professor, que, face à maior veiculação de saberes entre alunos, passa a ter mais tempo para intervenções individualizadas junto aos alunos que delas necessitam. No projeto PERACH, avalia-se que a tutoria possibilitou às crianças tutoradas que modificassem não só a imagem que tinham de escola como também as atitudes em relação à participação na classe e cumprimento de deveres de casa; os resultados nas áreas de matemática e de língua também melhoraram. Para as crianças tutoras, a tutoria propiciou-lhes satisfação pessoal decorrente da ajuda e da observação das mudanças ocorridas com os parceiros tutorados.

Delimitando-se os benefícios da tutoria para as crianças tutoras, nos programas educacionais em que foram tutores alunos jovens de meio social desfavorecido no ensino de leitura a crianças com fracasso escolar, além das crianças tutoras recuperarem a confiança em si, também progrediram em suas próprias dificuldades, pelo fato de ensinarem a quem apresentava maior dificuldade que elas.

Ainda conforme o pesquisador francês, pelo que referiram esses programas, a individualização do ensino através da tutoria entre crianças também desmistificava a idéia de que o único detentor do saber seria o professor, mostrando que alunos assimiladores do conhecimento do professor que em outros momentos assumiam a posição de tutores, também podiam ser fonte de conhecimento para outros colegas. A tutoria contribuía ainda para que crianças e jovens tutores se tornassem motivados e responsáveis por ocuparem um lugar social em que eram valorizados, resgatando-se a identidade perdida, especialmente em meios sociais desfavorecidos (Barnier, 1994).

Estudos recentes sobre tutoria

Experiências pedagógicas recentes se referem à tutoria. Assim por exemplo Nemirovsky (1992), na Espanha, e Weisz (2002) entre nós.

Nemirovsky (1992) relata a experiência pedagógica em escolas espanholas em que a aprendizagem em pares de idades próximas é ampliada a parcerias com grandes intervalos de idades, como eficiente estratégia para o ensino da língua escrita. Nessa experiência, crianças da 3ª. e 4ª. séries interagem com crianças dos grupos de 3 e 4 anos; crianças de 5ª. série interagem com crianças de 5 anos e de 1ª. série; crianças de 6ª. série interagem com crianças de 1ª. e 2ª. séries. Definida a interação grupo-grupo e as respectivas duplas de professoras, são definidas as duplas criança-criança, nas quais a mais velha é a tutora e a mais nova, a tutorada.

Em Weisz (2002), há referência à experiência pedagógica com alunos da 3ª. série em que a professora utiliza agrupamentos de crianças para as atividades de leitura e escrita. Um dos critérios utilizados é o de compor pequenos grupos em que uma criança já alfabetizada tem a função de escriba e as demais, não alfabetizadas, de produtores orais do texto. Também em outras situações de aprendizagem da língua escrita, a professora lança mão da ajuda de crianças mais adiantadas como monitoras de outras menos adiantadas e ressalta a grande valia dessa estratégia tanto para aquela que a auxilia, por ser a mais adiantada, quanto para as demais crianças do grupo que com ela aprendem a escrever.

Além de experiências pedagógicas, são encontradas pesquisas sobre tutoria realizadas em diferentes parcerias, como a de adulto-criança, jovem-criança ou criança-criança, sendo esta última o tipo de parceria predominante. Algumas dessas pesquisas se referem à parceria criança-criança em que tutores têm idades diferentes. É o que se vê na revisão feita por Hartup (1983) em estudos americanos, em que é referido o estudo de Cooper, Ayers-Lopez e Marquis e o estudo de Ludeke. O trio de pesquisadores realiza estudo em que jovens e crianças pré-escolares atuam como tutores de parceiros mais jovens com a finalidade de investigar as possíveis semelhanças e diferenças quando se toma como referência a idade do tutor. Como resultado da comparação do desempenho tutorial das duas faixas de idade, encontram semelhanças em ambas as idades, no sentido da auto-estimulação e da estimulação dos tutores junto aos parceiros menos experientes; encontram variação com relação às duas idades dos tutores quanto ao modo de estimulação, como quando ao orientar o tutorado, o tutor descreve as tarefas ou comenta os caminhos e técnicas empregadas na demonstração, ou ainda na estimulação, quando coloca em dúvida ou critica o desempenho do tutorado. Quanto às diferenças entre as duas idades dos tutores, estas surgem no que diz respeito à orientação e instrução ao tutorado para realizar a tarefa, que no tutor em idade pré-escolar aparece mais do que no tutor jovem.

Ludeke também investiga a tutoria em duas idades: entre crianças de 9 anos que ensinam crianças de 7 e 5 anos e entre crianças de 11 anos que ensinam crianças de 9 e 7 anos, encontrando empenho efetivo dos tutores nas duas idades. Porém, ao comparar o desempenho dos tutores das duas idades, observa que os tutores mais velhos engajaram-se numa estrutura cognitiva mais complexa ao orientarem os tutorados, como focalização da atenção na tarefa, destaque de estratégias e eliminação de redundância na tarefa, comparativamente aos tutores mais novos. Os tutores mais velhos também se mostraram mais engajados em oferecer suporte afetivo ao tutorado, como elogio, incentivo e ajuda, e pareciam mais sensíveis à necessidade de se ajustarem à capacidade da criança tutorada. Diga-se que essa variação na intensidade de apoio que crianças tutoras mais velhas e crianças tutoras mais novas oferecem a suas parceiras também foi identificada em outras pesquisas (Rogoff, Ellis & Gardner, 1984).

Com crianças de menor idade, a tutoria é investigada por Verba (1996), na Suécia, com crianças de 4 anos que tutoram crianças de 2 anos na exploração de objetos lúdicos. Os resultados mostram que a tutoria entre crianças pequenas pode ser mais ou menos intensa, com incentivo e apoio do tutor ao tutorado, como quando demonstra interesse pelo que faz o parceiro ou interesse em como este apreende um objeto. Esse incentivo e apoio do tutor pode ser visto ainda quando o tutor intervém para ensinar o tutorado, mostrando-lhe caminhos, explicando ou fornecendo ao tutorado *feedback* corretivo. O tutor também procura se ajustar à compreensão do tutorado, tentando descobrir o resultado que o tutorado deseja obter e tentando ainda avaliar o que este faz, comparativamente ao que poderia ser feito. Resultados de pesquisa como esses chamam nossa atenção no sentido de que a criança tutora de pouca idade não só compartilha descobertas com a parceira, mas também a orienta, procurando ajustar-se à compreensão que esta tem sobre a tarefa, contrariando parcialmente aqueles resultados encontrados nos estudos revistos por Hartup (1983) sobre possíveis limites da tutoria quando desempenhada por crianças de pouca idade.

Outras pesquisas com sujeitos de mais idade e mesma faixa etária em que se mantêm níveis de competência heterogêneos referem resultados interessantes para se pensar os arranjos mais adequados para a ocorrência das interações. É o caso da pesquisa desenvolvida com alunos na aprendizagem da matemática (Silva, 1998 citando Webb) em que se conclui que, entre inúmeros arranjos possíveis, aquele que leva em conta apenas um grau de diferenciação de heterogeneidade entre parceiros é o melhor arranjo para promoção de maiores avanços nas habilidades matemáticas em que a oferta e busca de ajuda estão presentes, como veremos a seguir.

Após serem submetidos a testes individuais e serem classificados em três níveis de desempenho inicial (alta, média e baixa), os alunos foram distribuídos em cinco grupos para resolverem questões de matemática: l. grupo de habilidade mista (formado por alunos de habilidade alta, habilidade média e habilidade baixa); 2. grupo de habilidade mista (formado por alunos com alta e média habilidade ou com média e baixa habilidade); 3. grupos homogêneos (formado por alunos de habilidade elevada); 4. grupos homogêneos (formado por alunos de habilidade média); e 5. grupos homogêneos (formado por alunos de baixa habilidade).

Logo depois do término da unidade de ensino matemático, os alunos foram re-testados quanto às habilidades matemáticas exigidas. Os resultados foram: nos grupos do tipo 1, resultados semelhantes entre os alunos e, em boa parte deles, alunos de habilidade elevada e de baixa habilidade formaram um relacionamento tipo professor-aluno, enquanto alunos de habilidade média tenderam a ser excluídos da interação grupal; nos grupos do tipo 2, pareceu não haver aluno médio, pois todos os alunos tendiam a participar ativamente com perguntas e solicitação mais freqüente de ajuda do que nos grupos do tipo 1; nos grupos do tipo 3, os alunos supunham, incorretamente, que todos soubessem resolver os problemas e, conseqüentemente, davam poucas explicações uns aos outros, o que não aconteceu nos grupos mistos, em que ativamente explicavam ao outro, sugerindo, então, que alunos de alta habilidade apresentavam melhor desempenho em grupos de habilidades mistas do que em grupos de habilidade de mesmo nível; nos grupos do tipo 4, resultados semelhantes ocorreram; nos grupos do tipo 5, alunos de baixa habilidade tendiam a não dar explicações corretas uns aos outros em grupos homogêneos, muito provavelmente em função de não contarem com habilidades suficientes; foram diferentes os resultados individuais destes alunos daqueles resultados dos alunos de baixa habilidade que pertenciam aos grupos de habilidades mistas, alvo das explicações dos alunos de elevada habilidade, o que mostra que alunos de baixa habilidade apresentaram melhor desempenho em grupos de habilidades mistas do que em grupos homogêneos.

Efeitos benéficos da tutoria para ambos os parceiros

A referência aos efeitos positivos da tutoria para a aprendizagem e desenvolvimento não é encontrada apenas em estudos e programas mais antigos. Benefícios da tutoria para tutores e tutorados também são referidos em avaliação de programas educacionais mais recentes e na discussão de resultados de pesquisas contemporâneas.

Na experiência espanhola de Nemirovsky (1992), por exemplo, há referências de que a tutoria entre alunos de idades e níveis de conhecimento bastante diferenciados promove aprendizagem para ambos: tutorados aprendem que seus colegas mais velhos são uma das várias fontes de informação existentes na escola; que aprender é processo e que existem várias maneiras de fazê-lo; aprendem que os saberes podem ser divergentes e que as verdades não são únicas nem imutáveis. Por sua vez, tutores aprendem que a função básica do conhecimento é a de ajudar os outros; aprendem que há maneiras diferentes de compartilhar seus saberes com os outros; aprendem a organizar e sistematizar seus conhecimentos para atender a demanda de outros que possuem menor nível de conhecimento, o que exige aprofundar o próprio conhecimento não só sobre o léxico e a ortografia, mas sobre a própria forma de buscar conhecimento, como saber usar uma biblioteca e saber pesquisar; tutores ampliam o compromisso pessoal com o papel de estudante e, por fim, melhoram no desempenho da leitura, devido ao aprofundamento do léxico e da ortografia na língua materna. Nemirovsky refere ainda que, no aspecto social, a tutoria promove mudanças para ambos quanto à qualidade do companheirismo, que passou a existir além dos momentos de encontros intencionalmente planejados entre as duplas.

Na Bélgica, realizou-se pesquisa com 104 alunos de 7 e 8 anos de classe primária para avaliar os efeitos da prática tutorial em programa de leitura com finalidade de superar fracasso escolar detectado entre crianças. Nesse trabalho, são indicados benefícios sócio-afetivos para os tutorados no que diz respeito à confiança na capacidade própria e valorização de si. Com relação aos respectivos tutores, no plano da atividade de leitura progridem em compreensão, exatidão e velocidade (Finkelsztein & Ducros, 1989).

Em estudos tutoriais que envolvem crianças com algum tipo de dificuldade, também se encontra referência a resultados positivos decorrentes da tutoria. Com crianças tutoras e tutoradas, ambas apresentando dificuldades, ocorrem benefícios para ambas: em estudo envolvendo crianças de 5 a 8 anos com dificuldades leves que com material rico tutoraram crianças autistas de mesma idade, efeitos benéficos foram identificados na esfera da aceitação social e melhora de desempenho escolar para ambos (Shafer, Egel & Neef, 1984). Outro estudo em que crianças com deficiência tutoram crianças sem deficiência também aponta benefícios em relação à aceitação social entre ambos, medidos pelo aumento do índice de interações ao longo do experimento: de início, em torno de 5% e, ao final, de 46% (Custer & Osguthorpe, 1983).

Outros autores alertam para algumas condições favoráveis à ocorrência dos efeitos positivos da tutoria para a aprendizagem e desenvolvimento dos parceiros envolvidos. A referência à alternância no papel de tutor e tutorado entre as crianças é ressaltada por Damon e Phelps (1989). A esse respeito, em estudo envolvendo crianças com e sem deficiência, também Osguthorpe e Scruggs (1990) ressaltaram que além das trocas favorecerem a aceitação da diferença do outro, a melhora na aprendizagem decorrente dessa alternância é garantida para ambos.

Outros autores, porém, alertam quanto aos cuidados no que diz respeito à interpretação dos benefícios da tutoria (Damon, 1984; Damon & Phelps, 1989). Ao se comparar vantagens relativas entre interação entre iguais (colaboração) e interação em que um é mais capaz que outro (tutoria), sugere-se que a tutoria pode ser bem-sucedida quando uma das crianças do par sabe mais que a outra em alguma área de conhecimento ou, ainda, quando a criança tutora tem uma compreensão básica sobre a tarefa, mas precisa ampliá-la.

Efeitos benéficos da tutoria para o tutor

Decorrente da divulgação dos resultados de pesquisas, a afirmação de que crianças menos adiantadas avançam em seu desenvolvimento quando interagem com parceiros com níveis de conhecimento diferentes parece incorporada à prática pedagógica, ao menos parcialmente. Contudo, a afirmação de que crianças mais adiantadas também avançam em seu desenvolvimento devido às interações com parceiros menos adiantados não parece alcançar no presente o mesmo *status*, necessitando ainda ser ressaltada a fim de que se consolide a sistematização da tutoria como importante estratégia de aprendizagem escolar. Por essa razão, dedicamos um tópico separado aos estudos que destacam os benefícios da tutoria especificamente para o tutor, e, como veremos, os estudos que assim procedem mencionam efeitos positivos da tutoria para tutores tanto no plano sócio-afetivo quanto cognitivo.

No plano sócio-afetivo, a tutoria pode funcionar como forma de aceitação social das diferenças entre parceiros quando estas se mostram evidentes. Assim é que, conforme Fenrick e Peterson (1984), a avaliação no pós-teste de programa tutorial desenvolvido com crianças de 11 a12 anos que auxiliaram crianças com dificuldades apontou que a atitude dos tutores frente às crianças tutoradas não diferiu significativamente da atitude desses tutores frente a outras crianças sem dificuldades.

Ainda no que diz respeito aos efeitos da tutoria no plano das relações interpessoais, aspectos como diminuição da timidez e melhoria da comunicação pessoal (Jones, 1988), fortalecimento de imagem de si, maior confiança e valorização de si pela posição ocupada (Gartner, Kohler & Riessman, 1971) são transformações psicológicas importantes que decorrem da condição da criança tutora assumir a orientação de classe, de um grupo ou de apenas um parceiro quando a tutoria acontece em díades. Destaque-se que em algumas das pesquisas em que estes benefícios são identificados, a tutoria não é desempenhada por crianças mais adiantadas do grupo e sim por crianças que apresentam algumas dificuldades.

Nemirowsky (1992) destaca que as crianças que assumiram com maior entusiasmo o papel de tutoras foram crianças identificadas na escola como alunos inquietos e dispersos que não acompanhavam a dinâmica de seu próprio grupo. Explica a autora que, para essas crianças, posicionar-se como tutor foi a primeira oportunidade de se transformarem em sujeitos que traziam a informação, que sabiam e que ajudavam, deixando de ser aquelas crianças que erravam e que anteriormente sentiam-se incompetentes. Tal observação converge para a afirmação por nós defendida de que a tutoria pode ser uma experiência que pode transformar a auto-imagem do tutor. Neste caso em particular, transforma a frágil auto-estima de crianças que experimentam sucessivas experiências de fracasso na aprendizagem de área de conhecimento tão importante como a leitura e escrita da língua materna.

A tutoria também possibilita ao tutor ser modelo de socialização para o outro, o tutorado, ao mesmo tempo em que a criança tutora tem em outros parceiros mais experientes um modelo de socialização para si, como, por exemplo, quando observa seus próprios professores. Muitos alunos que foram tutores passaram a vislumbrar possibilidade de ensinar a partir dessa experiência (Goodlad & Hirst, 1989), o que sugere que a tutoria contribui com a formação da identidade do aluno.

Também no plano cognitivo, pesquisas identificaram benefícios da tutoria para o desenvolvimento do tutor. Crianças tutoras com idade de 7 a 8 anos que orientam oralmente as suas tutoradas na resolução de tarefas espaciais obtêm melhores resultados do que crianças que resolvem as tarefas sozinhas (Barnier, 1989; 1994), e crianças tutoras que orientam oralmente e demonstram como fazer a tarefa espacial às suas tutoradas obtêm melhores resultados ainda (Franciscato, 2003). Outros estudos mencionam os reflexos da tutoria para o tutor no plano cognitivo como aprofundamento e consolidação do saber em questão (Goodlad & Hirst, 1989; Button, Simns & White, 1990).

Com o objetivo de melhorar o desempenho escolar e a conduta, adolescentes auxiliaram dois grupos de crianças com distúrbios de comportamento a interagirem com crianças com dificuldades cognitivas em idade escolar. Um grupo de crianças foi orientado a interagir como tutor, em situação experimental, e o outro, a interagir em outras bases, em situação de controle. Após período de 10 semanas com duas sessões semanais em que nos dois grupos tutor e tutorado se encontravam, a comparação entre pré e pós-teste indicou que são os tutores os que tiram melhor proveito dessas seqüências interativas, tanto no aspecto do desempenho escolar quanto no aspecto do relacionamento social (Maher,1984).

O estudo de Custer e Osguthorpe (1983) realizado com crianças tutoras com deficiência que tutoram crianças sem deficiência também indicou benefícios cognitivos para tutores com dificuldades intelectuais. A tarefa consistia de gestos utilizáveis na comunicação, desconhecidos para ambos, inicialmente aprendidos por 15 tutoras (crianças com dificuldades) e, em seguida, ensinados por elas às 15 crianças tutoradas (crianças sem deficiência). Os resultados revelaram que no aspecto cognitivo a retenção da aprendizagem dos gestos para as tutoras com leve deficiência foi de 94%, enquanto para as crianças tutoradas sem deficiência foi de 99%. Frente a esse dado, a diferença entre os dois grupos nos sugere que, além da tutoria promover aprendizagem de habilidades e conceitos para ambas, pode funcionar como interessante estratégia de aprendizagem, especialmente para crianças com dificuldades. Contudo, advertem os autores quanto ao cuidado com a escolha de uma área de atividade em que a criança tutora consiga se mostrar competente, para que possa acreditar-se como tutor e dessa experiência extrair benefícios para sua aprendizagem e desenvolvimento. Exemplo desse cuidado foi confirmado em estudo para avaliar o efeito da tutoria para tutores, no qual se verificou que o máximo de ajuda oferecida pelos tutores adveio daqueles que liam suficientemente bem para prestar ajuda aos parceiros tutorados (Finkelsztein & Ducros, 1989).

Uma vez apontados os benefícios da tutoria para o tutor, cabe a seguinte questão para nossa reflexão: se na díade tutor-tutorado é o tutorado beneficiado por ser o elemento menos adiantado, o que levaria o tutor a obter benefícios se de antemão já é o parceiro mais adiantado? Alguns pesquisadores identificaram aspectos que desempenham papel importante na esfera cognitiva na tentativa de explicar a obtenção do proveito da tutoria pelo tutor. O esforço dispendido pelo tutor ao ter de acompanhar o tutorado em seu próprio esforço de leitura é assinalado por Finkelsztein e Ducros (1989). Cumprir procedimentos que fazem parte da tutoria como a organização da seqüência, transmissão, explicação e garantia do entendimento da informação sobre a tarefa pelo parceiro, também provoca no tutor algum tipo de transformação cognitiva (Custer e Osguthorpe, 1983).

Em outros estudos, a idéia de organização do conhecimento para si ao mesmo tempo em que se organiza o conhecimento para orientação do parceiro está presente. Assim, a explicação para a melhora cognitiva pessoal do tutor, dada por Gartner, Kohler e Riesman (1971) e denominada *aprendizagem por reformulação,* ocorre da seguinte maneira: ao se preparar para orientar o outro, o tutor é levado a reformular seus conhecimentos, reorganizando-os de modo diferente ao anteriormente feito, corrigindo-os e eliminando o que não é essencial.

Na perspectiva de Bruner (1983), ao dar explicações ao tutorado, o tutor observa mais atentamente as etapas do aprender em uma dada tarefa, o que o leva a tirar proveito pessoal dessa situação. Verba (1996) refere o empenho feito pelo tutor na transformação da compreensão da tarefa que tem para si em explicação adequada ao parceiro, como mecanismo de meta-representação, presente em crianças de pouca idade. De modo semelhante, Barnier (1989; 1994) defende a ocorrência de benefício cognitivo para o tutor devido ao esforço que precisa fazer ao representar a tarefa para si tendo em conta que deverá explicá-la ao outro.

O que parece comum nas tentativas de compreensão dos mecanismos psicológicos que levam o tutor a obter benefícios para si próprio quando orienta o parceiro menos adiantado, depreendido dos estudos por nós visitados? De nossa perspectiva, conforme já antecipado por Comenius quando afirmava que para melhor compreensão do que se aprende seria preciso *saber fazer* e *saber dizer como fazer*, a explicação piagetiana de descentração se ajusta à experiência do tutor: descentrando-se do próprio ponto de vista e incorporando o ponto de vista do outro ao seu, o tutor avança na própria compreensão que tem da tarefa, assim desenvolvendo-se cognitivamente. A ocorrência dessa descentração no tutor depende, no entanto, da interação com o outro e, nesse sentido, o tutorado desempenha importante papel para o avanço do tutor na medida em que funciona como provocador de descentrações. Nesse sentido, a interação social entre tutor e tutorado é fundamental para que ocorram benefícios também para o tutor, sugerindo-nos assim que a tutoria, enquanto modo particular de interação social, pode se sustentar no postulado da psicologia social genética de que o desenvolvimento cognitivo se dá pelas interações entre pares.

Implicações para a Educação

No diálogo entre a Psicologia do Desenvolvimento e a Educação, que relações podem ser estabelecidas entre tutoria e aprendizagem escolar de crianças e jovens brasileiros? Lembrando a cena machadiana e fazendo nossas as palavras de Perret-Clermont de que "os mecanismos que são postos em jogo pela situação experimental são igualmente postos em ação pelo conjunto das situações sociais vividas pelo sujeito fora do momento de experimentação" (Perret-Clermont, 1978, p. 59), ao recuperar a trajetória de pesquisas sobre tutoria, especialmente aquelas que apontam seus benefícios, é possível evidenciar alguns pontos importantes em que a tutoria pode incidir positivamente na educação, especialmente na aprendizagem escolar.

1º. A tutoria é estratégia de aprendizagem a ser adotada com vistas ao sucesso escolar de todos

Ao defendermos a sistematização das interações entre parceiros como a tutoria enquanto estratégia de aprendizagem, não condenamos a estratégia de ensino em que ocorrem interações entre o professor e os alunos. Pelo contrário, essa parceria é fundamental para que os alunos avancem em seus conhecimentos. O que buscamos defender é a coexistência equilibrada desses dois modelos de interação na sala de aula e que a tutoria é benéfica não só para aquele aluno que é orientado como também para aquele que orienta o parceiro.

Correndo o risco de nos repetirmos, para que nossa perspectiva fique bem clara, a tutoria passa a ser vista como um recurso facilmente disponível ao professor para promoção de aprendizagem de todos os alunos, porque, conforme mostram as pesquisas, beneficia tanto aqueles que sabem menos num dado momento ou habilidade e que por essa condição assumem o papel de tutorados, quanto os que sabem mais e que assumem o papel de tutores. A tutoria aparece como estratégia disponível aos professores no sentido da promoção da aprendizagem de todos os alunos, garantindo-lhes preventivamente maiores chances de sucesso escolar não só numa ou noutra disciplina, mas em todas as disciplinas que fazem parte do currículo escolar. A escolha da modalidade de tutoria – apenas explicação oral ou explicação oral acompanhada de demonstração –, dependerá da disciplina e do tipo de atividade escolar que forem desenvolvidas num dado momento do calendário escolar, cabendo, portanto, ao professor tal decisão.

2º. A tutoria é estratégia de aprendizagem para todos os níveis de escolarização

Além da sua apropriação para utilização em todas as disciplinas, a tutoria é aplicável aos vários segmentos da educação com vistas ao sucesso escolar, desde instituições de educação infantil até as universidades. Conforme mostram as pesquisas realizadas fora de nosso país, esta prática tem dado bons resultados tanto com crianças que freqüentam a instituição escolar quanto com jovens que a freqüentam em níveis mais avançados da escolaridade, chegando à universidade, quando a tutoria é adotada como estratégia de aprofundamento nos estudos.

Tanto professores de crianças pequenas quanto professores do ensino fundamental sabem por sua própria experiência que as crianças mais capazes numa dada atividade orientam espontaneamente as colegas, mas é preciso que a sistematização dessa modalidade de parceria aconteça de fato em todas as escolas. No ensino superior, experiências pontuais, como a monitoria entre alunos de um mesmo nível escolar, já ocorreram entre nós e poderiam voltar a acontecer também de modo mais sistematizado, inclusive com criteriosa avaliação de resultados.

A tutoria poderia ocorrer intersegmentos, isto é, entre alunos de uma mesma turma da educação infantil, do ensino fundamental, do ensino médio ou do ensino superior, uma outra possibilidade de práticas tutoriais entre alunos seria aquela que envolveria segmentos escolares diferenciados, por exemplo, alunos de um curso universitário tutorariam alunos do ensino médio numa dada disciplina, como em Física, ou ainda, em uma mesma escola, alunos do ensino médio tutorariam alunos do ensino fundamental.

Quiçá a tutoria de jovens que estudam em nossas poucas e concorridas universidades públicas pudesse, através da tutoria, contribuir com o acesso futuro de jovens oriundos do ensino médio da escola pública, potencialmente excluídos do ensino superior de qualidade, oferecendo-lhes a possibilidade de aprofundar o conhecimento exigido e, assim, ultrapassar os obstáculos quanto à entrada no ensino superior, ao mesmo tempo em que os tutores, alunos já freqüentadores daquelas, aprofundariam conhecimento que já detêm.

3º. A tutoria é estratégia de aprendizagem com vistas à prevenção do fracasso escolar na aquisição da leitura e escrita no ensino fundamental

Ainda que nos dois tópicos anteriores tenhamos defendido que a tutoria sirva a todas as disciplinas e a todos os segmentos da escolarização, queremos dar um destaque especial à tutoria enquanto estratégia de aprendizagem vantajosa na aquisição da leitura e escrita da língua materna (no nosso caso, a Língua Portuguesa) num momento bastante importante: o da alfabetização nas séries iniciais do ensino fundamental, quando o aluno deverá ter atingido alguns objetivos fundamentais para, na continuidade da escolarização, vir a ser usuário competente da linguagem oral e escrita.

Entre nós, políticas públicas vêm se concretizando através de programas de formação continuada a professores com vistas à alfabetização em abrangência nacional (Brasil, 2001). Transformações importantes na didática para a sala de aula são enfatizadas, como a consideração positiva frente à heterogeneidade do conhecimento entre os alunos e a conseqüente valorização das interações entre pares nas atividades de leitura e escrita. Embora com vistas apenas ao desenvolvimento das crianças menos adiantadas, se essa valorização também se estender ao desenvolvimento da criança que sabe mais, a tutoria pode ser reconhecida como arranjo interativo, promover desenvolvimento de todos os alunos no período de alfabetização e, por essa razão, ser sistematicamente adotada. Ganhos para ambos podem ocorrer seja em situações simples, como quando a criança menos adiantada precisa ajuda da tutora para decidir qual letra colocar na palavra e como representá-la graficamente, seja em situações mais complexas, em que ocorre conversação na qual o tutor precisará organizar o conhecimento que já tem sobre algum gênero literário de modo a ser compreendido pelo parceiro, explicando-lhe os elementos básicos para a escrita de uma poesia ou de uma crônica.

Ao mesmo tempo em que são empreendidos programas com vistas à eliminação do fracasso escolar no período inicial da escolaridade obrigatória em nosso país, são insuficientes as pesquisas que contribuem efetivamente para uma compreensão aprofundada dessa questão. Entre as pesquisas mais recentes destacamos a de Amaral (2001), que examina a imagem de si de crianças paulistanas com dois a três anos de repetência escolar. Interessa-nos ressaltar, nesse estudo, que crianças repetentes que integraram programa especial enriquecido quanto à estimulação pedagógica e que obtiveram melhora no desempenho escolar não tiveram significativamente diminuídos os indícios de marcas negativas do fracasso escolar anteriormente vivenciado e internalizado. Esses resultados são reveladores no sentido de que, embora programas compensatórios minimizem o fracasso escolar após sua instauração, não transformam em profundidade a auto-estima dos alunos. Esta situação indesejável elucida mais uma vez a gravidade do problema e o desafio colocado a todos os responsáveis pela escolarização inicial das crianças que freqüentam nossas escolas na busca de ações antes preventivas do que remediativas.

Os benefícios sócio-afetivos, como fortalecimento da imagem de si decorrentes do exercício da tutoria, já foram referidos na literatura, não só para aquelas crianças tutoras que sabiam mais do que outras, como também para aquelas crianças tutoras indicadas pelos professores por razões outras que não o melhor desempenho acadêmico, como para aquelas crianças com baixa auto-estima, por exemplo. O efeito bola de neve em que é envolvido o tutor, no qual a aquisição da confiança em si abre a possibilidade de novos saberes e estes, por sua vez, retornam ao tutor em forma de maior estima, foi comprovado (Gartner, Kohler & Riessman, 1971) por pesquisas que observaram os efeitos da tutoria para a auto-estima em relação à aquisição de leitura (Finkelsztein & Ducros, 1989) e, mais particularmente, para tutores que não eram os melhores alunos do grupo em leitura (Nemirovsky, 1992).

Assim, a tutoria é vista aqui não como solução para males cujos determinantes extrapolam os muros da escola, mas como uma estratégia de aprendizagem a ser adotada preventivamente desde o início do aprendizado da leitura e escrita, capaz de modificar as marcas e a memória dos alunos quanto à aprendizagem da língua materna, na sua dimensão afetiva e cognitiva.

4º. A tutoria é estratégia de aprendizagem com vistas à inclusão escolar de alunos com necessidades especiais no sistema regular de ensino

Na busca de respostas que atendam às exigências de um novo tempo que clama pela atenção à diversidade e à tolerância, o atendimento à heterogeneidade dos alunos como aspecto conjuntural da sala de aula se coloca como questão de primeira ordem a ser assumida e resolvida pelos educadores. É nesse quadro de atenção à diversidade e diferenças que se insere o atendimento aos alunos com necessidades especiais no sistema de ensino regular, seja em relação àqueles com dificuldades cognitivas, sócio-comportamentais, sensoriais ou motoras, como também àqueles com habilidades altamente desenvolvidas (Brasil, 1999).

No que diz respeito aos alunos com dificuldades cognitivas, por exemplo, a tutoria oferece ao professor a possibilidade de organizar pareamentos de alunos sem e com necessidades especiais como uma estratégia importante a ser adotada em sala de aula. Como demonstrado por pesquisas, além de trazer benefícios a ambos tanto na esfera cognitiva quanto socioafetiva, pode funcionar como uma estratégia inclusiva direcionada para aqueles alunos que necessitam de maior apoio num dado momento da atividade em razão de necessidades especiais. Esse apoio pode ser obtido de um colega, o tutor, e não obrigatoriamente do professor, liberando este último para um trabalho de apoio à classe como um todo.

Para os alunos com potencial cognitivo elevado ou com alguma habilidade que os torne destacados do grupo, o exercício da tutoria poderá levar a maior desenvolvimento, podendo a tutoria acontecer, por exemplo, tanto quando orientam um parceiro menos adiantado na sua classe, como quando orientam outros alunos de outra sala ou outra série de sua escola. Em horário alternado ao das aulas, a criação de Clubes da Matemática, Clube das Ciências, Oficina de Artes, Oficina de Leitura (Alencar, 1986) se mostra como alternativa muito pouco explorada pelas escolas, os clubes são boas situações para o desenvolvimento daqueles alunos frente aos quais costumeiramente nada mais se faz além da constatação agradável de "serem alunos inteligentes ou ainda talentosos" que não causarão problemas em sala de aula, ainda que alguns desses alunos possam apresentar problemas comportamentais justamente por não terem seu potencial reconhecido e adequadamente aproveitado. A tutoria se apresenta aqui como uma boa solução para reverter esta situação, se contemplada pela escola em seu projeto pedagógico.

Finalizando, gostaríamos de dizer que é preciso que os educadores dêem maior crédito à possibilidade de ganhos sócio-afetivos e cognitivos de ambos, tutor e tutorado, nas experiências compartilhadas pelos alunos no espaço educacional. Para que isso aconteça, é fundamental que a escola se abra a novas experiências pedagógicas em que a interação entre crianças seja considerada fator importante para a aprendizagem e desenvolvimento dos alunos de todas as faixas etárias e níveis de escolaridade. Embora os benefícios da tutoria para todas as crianças já estejam demonstrados, enquanto interação social estratégica para a aprendizagem, deve sua ocorrência ser ainda mais sistematizada, como afirmam Seidl de Moura (1998), ao sugerir que sejam criados instrumentos para avaliação de interações em sala de aula, e Carvalho (1996), ao sugerir que se observe e supere as deficiências de instituições educacionais quanto às necessidades das crianças na esfera das relações com seus pares.

Expandir experiências pedagógicas tutoriais bem-sucedidas, como a de Nemirovsky (1992) para outras idades e áreas do conhecimento que compõem o currículo escolar, como matemática, geografia etc, bem como encaminhar experiências com outros arranjos tutoriais diferentes das díades, também pode ser um bom caminho para sustentar a defesa da tutoria como importante estratégia de aprendizagem que pode levar ao desenvolvimento das crianças e jovens que freqüentam instituições cujo principal objetivo seja a apropriação do conhecimento. Como estratégia de ensino, a tutoria pode ajudar o professor a encontrar formas de trabalho mais eficientes em sala de aula, para lidar com a heterogeneidade, para encontrar tempo para atender a todos os alunos e particularmente aqueles que necessitam um pouco mais de sua atenção.

Referências

Alencar, E. S. (1986). *Psicologia e educação do superdotado*. São Paulo, EPU.

AmaraL, S. A. (2001). *A imagem de si em crianças com histórico de fracasso escolar à luz da teoria de Henri Wallon*. São Paulo, PUC-SP, Tese de Doutorado.

Aranha, M. S. F. (1993). A interação social e o desenvolvimento humano. *Temas em Psicologia*, São Paulo, n. 3.

Assis, M. de (1998). Conto de escola. In: *Contos*, São Paulo:Ática, 25. ed.

Barnier, G. (1994). *L'effet-tuteur dans une tâche spatiale chez des enfants d'âge scolaire*. Thèse du Doctorat. Provence, Université de Provence.

________. (1989). L'effet-tuteur dans des situation mettant eu jeu des Rapports spatieux chez des enfants de 7-8 ans en interacions diadiques avec des pairs de 6-7 ans. In: *European Journal of Psychology of Education*. vol. IV, n. 3., p. 385-399.

Brasil (2001). Ministério da Educação. Secretaria da Educação Fundamental. *Programa de Formação de Professores Alfabetizadores*. Guia de Orientações Metodológicas Gerais.

_______. (1999). Ministério da Educação. Secretaria de Educação Especial. *Parâmetros Curriculares Nacionais - Adaptações Curriculares – Estratégias para a educação de alunos com necessidades educacionais especiais.*

BRUNER, J. S. (1983). *Lé développment de l'énfant. Savoir faire; savoir dire.* Paris, PUF.

BUTTON, B. L., SIMS, R. & WHITE, L. (1990). Experience of proctoring over three years at Nottingham Polytechnic. In S.Goodlad & B. Hirst (Eds.), *Explorations in peer tutoring*, p.98-109, Oxford: Blackwell.

Carvalho, Alysson M. (1996). *Comportamento de cuidado entre crianças: um estudo longitudinal em diferentes ambientes institucionais*. São Paulo, IPUSP, Tese de Doutorado.

Carvalho, Ana M. A. (1988). Algumas reflexões sobre o uso da categoria "interação social". *Anais da XVIII Reunião Anual de Psicologia de Ribeirão Preto*, p.511-6.

Custer, J. D. & Osguthorpe, R. T. (1983). Improving social acceptance by training handicapped students ti tutor their nonhandicapped peers. *Exceptional Children*, 50, 2, p. 175-89.

Damon, W. (1984). Peer education: The untapped potential. *Journal of Applied Developmental Psychology*, 5, p. 331-43.

_______. & PHELPS, E. (1989). *Peer colaboration as a context for cognitive growth*. Papper presented at Tel Aviv, School of Education.

Fenrick, N. J. & Peterson, T. K. (1984). Developing positive change in attitudes towards moderaltely/severely handicapped students through a peer tutoring program. *Education and Training of Mentally Retarded*, 19, 2, p. 83-90.

Ferreira, A. B. H. (1995*). Dicionário Aurélio Básico da Língua Portuguesa.* São Paulo, Folha de S.Paulo-Editora Nova Fronteira.

Finkelsztein, D. & Ducros, P. (1989). Un dispositif de lutte contre l'echec scolaire: l'enseignement par élèves-tuteurs._*Revue Française de Pédagogie*, 88, p. 15-26.

Franciscato, I. (2003). *Interação criança-criança e noções espaciais: efeitos de suas modalidades tutoriais para a criança tutora.* São Paulo, Pontifícia Universidade Católica, Tese de Doutorado.

Gartner, A., Kohler, M. C., Riessmann, F. (1971). *Children Teach Children: Learning by Teaching.* New York: Harper and Row, 1971.

Góes, M. C. R. (1995). A construção do conhecimento - examinando o papel do outro nos processos de significação. In: *Temas em Psicologia,* São Paulo, n. 2.

Goodlad, S. & Hirst, B. (1989). *Peer Tutoring: a guide to learning by teaching.* London: Kogan Page.

Hartup, W. W. (1983). Peer Relations. In: E. M. Hetherington (Ed.) e P. H. Mussen (series Ed.), *Handbook of Child Psychology.* New York, John Wilwy e Sons, v. IV.

Hinde, R. (1979). Towards understanding relationships. *European Associations of Experimental Social Pshicology*, Academic Press Inc. London Ltd.

Jones, J. (1988). Paired reading with mentally handicapped adults. *Paired Reading Bulletin*, 4, p. 78-81.

Lordêlo, E. R. (1986). *Comportamento de cuidado entre crianças.* São Paulo, IPUSP, Dissertação de Mestrado.

Maher, C. A. (1984). Handicapped adolescents as cross-age tutors: program, description and evaluation. *Exceptional Children*, 51, p. 56-63.

Nemirovsky, A. (1992). El aprendizage del linguaje escrita a través de la interacción. In: *Textos*, Barcelona, n. 17, p. 55-65

Nogueira, A. L H. (1993). Eu leio, ele lê, nós lemos: processos de negociação na construção da leitura. In: Smolka, A L. B. In: *A linguagem e o outro no espaço escolar.* Campinas, Papirus.

Osguthorpe, R. & Scruggs, T. (1990). Special education students as tutors: a review and analysis. In: S. Goodlad & B.Hirst (Ed.), *Exploratios in peer tutoring*, p.176-93. Oxford: Blackwell.

Perosa, G. B. (1993). O conceito de interação nos estudos com crianças pequenas. In: *Psicologia: teoria e pesquisa*, Brasília, vol. 9, n. 2.

Perret-Clermont, A-N. (1978). *A construção da inteligência pela interação social.* Lisboa, Socicultur.

Rehberg, H. & Richman, C. (1989). Prosocial Behaviour in Preschool Children: A look at Interaction of Race, Gender and Family Composition. *Internacional Journal of Behaviour Development*, 12(3): p. 385-401.

Rogoff, B.; Ellis, S. & Gardner, W. (1984). Adjustemet of adult-child instruction according to child's age and task. *Developmental Psychology*, 20 (2), p. 193-9.

Schaffer, R. F. (1984). *The child's entry into social world.* London, Academic Press.

Seidl de Moura, M. L. (1998). Cooperação, aprendizagem e desenvolvimento no ambiente escolar. In: *Mente Social.* Revista Científica do Mestrado em Psicologia. Rio de Janeiro, v 4, n.1, p. 9-32.

Shafer, M. S., Egel, A. L. & Neef, N. A. (1984). Training mildly handicapped peers to facilitate changes in school interaction skills of autistic children. *Journal of Applied Behaviour Analysis*, 17, 4, p. 461-76.

Silva, M. R. Gomes da (1998). Considerações sobre o trabalho em grupo na aula de Matemática. *Mimesis,* Bauru, v.19, n. 2, p.135-45.

Verba, M. (1996). *Constructivism and the co-construction of knowledge in young children.* In: University of Geneva (Ed.) The growing mind Congress. Book of abstracts. p.17.

Vygotsky, L. S. (1991). *A formação social da mente.* São Paulo: Martins Fontes, 4. ed.

Weisz, T. (2002). *O diálogo entre o ensino e a aprendizado*. São Paulo: Ática.

Educação: o rompimento possível do círculo vicioso da violência

Maria Isabel da Silva Leme

É possível que muitos educadores, ao se depararem com o título deste capítulo, perguntem se é sua tarefa, ou mesmo, se está em seu poder intervir sobre um problema social complexo como a violência. Como será analisado a seguir, não só cabe, como ainda está no poder da educação, tanto no âmbito da família, como da escola, intervir, no sentido de prevenir o crescimento alarmante deste fenômeno. Pesquisas mostram que a violência segue uma trajetória cujo início se dá bem antes do que comumente se pensa, e que, quando não interrompida, traz graves prejuízos sociais. O objetivo deste capítulo é discutir, à luz de resultados destas pesquisas, as ações preventivas possíveis no âmbito da educação.

Indícios de futuro comportamento violento podem ser detectados já nos anos pré-escolares, muitas vezes, sob a forma de comportamentos aparentemente inofensivos, ou mesmo despercebidos, como mentira ou pequenas desobediências. Não se quer dizer com isso que esses comportamentos devam ser severamente punidos, de modo que o perpetrador conscientize-se imediatamente da sua inadequação. O que se pretende, e que se procurará demonstrar com base em dados de pesquisa, é que é necessário maior supervisão de algumas dinâmicas sociais na escola, explicitação de valores e, em alguns casos, o ensino deliberado de alternativas de ação em situações de conflito entre crianças.

A resolução do conflito interpessoal foi escolhida como foco da análise da questão da violência neste capítulo por dois motivos: segundo dados da Organização Mundial de Saúde, a violência vitimou 1,7 pessoas em 2000, sendo este tipo de conflito a principal causa das mortes violentas de adolescentes e jovens adultos (Yunes, 2002). Tais índices apontam a necessidade urgente de se intervir sobre esta situação, por meio da educação, tanto no âmbito da família como na escola, pois a aprendizagem desempenha papel expressivo na manifestação e regulação das condutas envolvidas nas trocas sociais. Em outras palavras: aprendemos com o outro como nos comportar apropriadamente em determinadas situações, como, por exemplo, quando manifestar alegria ou tristeza, como resolver problemas, cooperando ou competindo, e assim por diante. Esta permeabilidade da conduta social à aprendizagem é o segundo motivo pelo qual o conflito interpessoal e sua resolução, pacífica ou violenta, foram escolhidos como foco de análise.

Entende-se por conflito interpessoal situações de interação social que envolve alguma forma de desacordo com o outro por motivos diversos, como disputa, competição, crítica ou algo semelhante, que, por isso, desperta afeto negativo, como raiva, ressentimento ou hostilidade. Esse tipo de situação pode ser resolvido de duas formas: violenta, envolvendo alguma forma de coerção, ou pacífica, o que depende, justamente, dos recursos cognitivos e afetivos aprendidos pelos envolvidos nos contextos socioculturais em que se desenvolveram.

A resolução de conflito violenta

A forma de resolução de conflito pela coerção física ou psicológica é mais conhecida como agressão e tem sido bem enfocada pelas pesquisas especializadas, muito provavelmente, pelos riscos que representam os confrontos em que se envolvem os indivíduos que resolvem seus conflitos dessa forma. Entretanto, em função de assumir formas muito variadas de manifestação e, também, de sua ocorrência episódica, não é facilmente identificável nem definível. Definir agressão não é tarefa fácil, porque sua manifestação varia da violência física explícita até formas mais veladas, como furto, maledicência etc. Porém, é possível identificar um aspecto em comum nesses comportamentos, que é a intenção de causar prejuízo ao outro, aliada à expectativa de que tal objetivo será atingido (Edmunds & Kendricks, 1980; Geen, 1990; Loeber & Stouthamer-Loeber, 1998). Mesmo essa definição deve ser vista com uma certa cautela, pois, tanto prejuízo como intencionalidade estão sujeitos à contaminação de juízos subjetivos (Tremblay, 2000). Explicando melhor: uma ação pode não ser considerada agressiva por não ter causado dano, embora seu perpetrador, por exemplo, uma criança muito pequena que dá um tapa em alguém, assim o pretendesse. Ou ainda, um grande dano pode ser infligido a alguém por motivos alheios à vontade do perpetrador, como, por exemplo, falha mecânica em um veículo, ou qualquer outra causa de natureza acidental.

É impossível negar que a agressão tem sua origem em algum fator biológico, pelo valor adaptativo que deve ter representado ao longo da evolução das espécies. Indivíduos que não revidaram ataques de predadores, não disputaram alimento ou parceiros, provavelmente, não passaram sua carga genética adiante. Porém, a força de tais tendências herdadas deve ter diminuído em função da natureza afetivo-social do homem (Bussab, 1999). Viver em grupo não é trivial, pois envolve desde condutas mais simples, como discriminação dos membros do grupo de outros indivíduos, até comportamentos mais sofisticados, como observação e manifestação do que é considerado apropriado ou não no seio do mesmo. Assim, quanto mais complexa a composição de um grupo, como, por exemplo, pelo convívio de várias gerações, maior a sofisticação psicológica demandada de seus membros. A aquisição de novas habilidades exige maior abertura do sistema psicológico, no sentido de não ser pré-programado com padrões de comportamento instintivos, mas liberado para a formação de novas conexões para enfrentar a variação ambiental. É possível que os primeiros indivíduos portadores de tais características tenham selecionado para parceiros de procriação membros do próprio grupo, pela semelhança de conduta, isolando os que se comportavam de modo diferente, que assim não passaram sua carga genética adiante. Nesse sentido, a força da herança biológica deve ter diminuído ao longo da evolução seletiva dos primatas superiores, devendo, portanto, ser relativizada, atualmente, em favor de uma visão de que o comportamento humano está sujeito à influência de muitas variáveis que interagem entre si de modo interdependente. No caso da agressão, a importância de muitos fatores já foi identificada, os quais variam desde aspectos pessoais, como nível de desenvolvimento cognitivo, personalidade, experiências vividas no seio da cultura familiar, a expectativas socioculturais sobre como se comportar em determinadas situações. Tais fatores, interagindo interdependentemente, formam o potencial individual de agressão, dirigindo o comportamento. Além disso, não se deve esquecer as características da própria situação: configura-se um ataque ou uma mera frustração de um desejo, constitui-se uma violação da norma social etc. e, surpreendentemente, até elementos ambientais, que podem ter um caráter estressante, como calor, ruído, que influem, no sentido de ativar o indivíduo, predispondo-o para o comportamento agressivo. É importante ressaltar, porém, que o comportamento agressivo, como qualquer outra reação afetiva, é desencadeado após um processo de avaliação complexo, no qual interagem as variáveis pessoais e situacionais citadas que aumentam ou diminuem o nível de ativação necessário para impulsionar a conduta. Esse processo é aprendido gradualmente, à medida em que o indivíduo se desenvolve e é socializado na sua cultura. Explicando melhor: o indivíduo que cresce em um ambiente familiar, em que os conflitos são resolvidos de modo violento, tem maior probabilidade de formar esquemas de resolução deste tipo de situação, também violentos, que, possivelmente, serão os que prevalecerão em situações similares, inclusive, pelo desconhecimento de formas alternativas de ação. As emoções despertadas pelas situações sociais passam por um processo de avaliação cognitiva bastante complexo e universal das várias dimensões envolvidas na situação desencadeadora, antes que o indivíduo decida sobre sua ação. A valência, isto é, se a ocorrência é positiva ou negativa, é um dos primeiros aspectos analisados, seguido pela identificação do agente, sua intenção, adequação do ocorrido e da emoção experienciada às normas da cultura, grau de controle sobre os resultados, esforço, riscos envolvidos etc. É importante salientar que tal avaliação é dinâmica, ou seja, à medida que transcorre o tempo em que as informações sobre o ocorrido são incorporadas, as dimensões são comparadas com outras já experienciadas anteriormente, podendo então ser reavaliadas, reordenadas, resultando, às vezes, em mudança na própria emoção experimentada inicialmente. Embora essas dimensões sejam provavelmente universais, na medida em que fazem parte de situações comuns à vida de qualquer indivíduo, em qualquer sociedade, como ataque, perda, surpresa etc., elas, também variam, no sentido em que cada cultura estabelece normas sobre o que consiste novidade, ameaça, etc. Um outro aspecto a ser considerado é que estas informações de natureza social são incorporadas gradualmente como normas no sistema de crenças e valores do indivíduo, à medida que se processa a sua socialização em uma dada cultura (Ellsworth, 1994). Também nessas situações, o sistema cognitivo opera como em qualquer outra interação com o ambiente: organiza, abstrai e retém experiências recorrentes em esquemas de situações típicas, os chamados *scripts*, que são recuperados nas situações apropriadas como norma (Sternberg, 1996/2000). É nesse sentido, portanto, que a exposição à violência representa risco, principalmente no início da vida: os esquemas de interação social que estariam se formando e organizando nesta fase, para a solução de problemas, como o conflito interpessoal, por exemplo, teriam maior probabilidade de ser de natureza mais violenta também, ocasionando distorções na interpretação de intenções, estreitando a percepção de alternativas, o espectro de decisões etc.

Evolução da conduta agressiva

Dada a importância da socialização, cabe a questão de como evolui a conduta agressiva, em termos de estabilidade, interrupção ou agravamento, em suma, sua permeabilidade à detecção pelos responsáveis e à mudança. O estudo desse desenvolvimento é prejudicado pelas mesmas razões que dificultam a definição do problema: a existência de formas de manifestação mais veladas, como depredação, furto ou maledicência, o seu caráter episódico, que desfavorece, principalmente no início da infância, a identificação da criança que não consegue resolver seus conflitos de modo pacífico, e, mais tarde, na vida adulta, a tendência em manifestar este tipo de comportamento de forma mais privada, como violência doméstica contra cônjuges e filhos (Loeber & Stouthamer-Loeber, 1998). E ainda, pelo fato de uma parcela de indivíduos agressivos revelar-se como tal mais tardiamente, depois do período da pré-escola, quando a maior autonomia das crianças diminui a supervisão adulta e, portanto, a identificação e intervenção no problema já em seu início. O período mais violento se dá por volta dos dez anos, após os quais, a grande maioria passa a resolver seus conflitos de modo mais pacífico. Conclui-se, assim, que a agressão pode surgir em várias fases da ontogênese: nos anos pré-escolares, e, mais tardiamente, na passagem da infância para a adolescência. Desordens de atenção, que acabam levando a prejuízo no desempenho acadêmico, estão associadas ao surgimento precoce deste tipo de conduta. A frustração associada ao insucesso escolar e social manifesta-se inicialmente como comportamento negativista, que evolui progressivamente para comportamento agressivo. Outros indivíduos que se revelam mais tardiamente não apresentam, ao que tudo indica, qualquer tipo de dificuldade ligada à aprendizagem. Porém, manifestam, desde cedo, negativismo, que evolui na adolescência para agressão explícita, furtiva, ou ambas. No período que vai do final da infância até sua diminuição no início da adolescência, a agressão, principalmente entre meninos, é tão comum, que índices mais elevados tornam-se a norma invés de exceção (Borum, 2000). Deve ser lembrado, contudo, que a probabilidade de diminuição e interrupção é inversamente proporcional à gravidade das transgressões cometidas pelo indivíduo. É provável que as conseqüências ao seu comportamento, como suspensões escolares e outras, prejudiquem seu desempenho acadêmico, gerando um círculo vicioso de fracasso, frustração, mais violência, culminando na exclusão escolar, o que, provavelmente, explica a evolução para a contravenção, pelas menores oportunidades de trabalho. A esse respeito, vale lembrar que crianças consideradas agressivas pelos colegas tendem a ser mais excluídas e isoladas socialmente, o que agrava o problema, pela frustração resultante (Moraes, Otta e Scala, 2001). Concluindo, a forma pela qual a instituição escolar responde às transgressões de algumas crianças pode agravar em vez de solucionar o problema, pelas conseqüências de longo prazo que podem sobrevir. Outra conclusão a ser retirada destes dados é a necessidade de se intervir, de modo adequado, sobre o comportamento negativista da criança, pois ao que tudo indica, é um indício bastante forte do início de uma trajetória a ser evitada.

Com relação à trajetória seguida pelo indivíduo agressivo, de modo a se intervir nela em tempo, verifica-se que, provavelmente, não há uma única a ser seguida, pela existência provável, também, de mais de uma modalidade de agressão, conforme mencionado acima: explícita, que envolve confronto direto com o outro, e furtiva, que não envolve confronto, como fraude ou roubo. É importante ressaltar que tal distinção não implica exclusão de uma pela outra, havendo casos de indivíduos que apresentam os dois tipos de comportamentos. A concepção de que a agressão, independente do tipo de manifestação, velada ou explícita, evolui de forma geral, estabelece como o início desta evolução comportamentos tais como desobediência ou negativismo, prosseguindo com manifestações comumente rotuladas como mau gênio, culminando em formas cada vez mais graves, como luta e roubo, sem explicação para a escolha de um tipo em favor do outro. Um dos modelos de mais de uma trajetória (Loeber & Stouthamer-Loeber, 1998) propõe que estas poderiam ser concebidas como as vertentes de uma pirâmide, na base da qual estão comportamentos menos violentos, cometidos por uma grande proporção de crianças, como conflito com autoridade, teimosia, desobediência, já salientados como merecedores de atenção. Duas trajetórias, no mínimo, se seguiriam na parte intermediária desta pirâmide, indicando já uma diminuição no número de indivíduos envolvidos: de um lado, a agressão explícita que envolve provocações, seguidas de brigas físicas, e deste ponto em diante, delitos muito graves como estupro, ataque, etc. De outro, na vertente complementar à primeira, da agressão furtiva, comportamentos como prática de furto em lojas, vandalismo e outras formas de desrespeito à propriedade, que evoluem para formas mais graves de delito, como fraude, roubo, etc.

Um último aspecto de interesse para intervenção no problema é a seqüência desses comportamentos, relacionada, estreitamente, à questão da existência de mais de uma trajetória e mais de um tipo de agressão. Algumas seqüências foram identificadas e são importantes no que tange à prevenção: de modo geral, o processo desenvolve-se de modo ordenado, progredindo das transgressões menos graves, como desobediência, para outras mais graves, como roubo, e, daí, para atos violentos explícitos. Muitos jovens não ultrapassam os primeiros estágios de agressão furtiva, provavelmente em virtude da incorporação de valores enfatizados no processo de socialização.

Crenças e sentimentos envolvidos na agressão

Ao que tudo indica, as diferentes formas de agressão, furtiva e explícita, não se diferenciam somente na manifestação. Um primeiro aspecto que se destaca é o acompanhamento afetivo: a raiva, ou outro afeto semelhante, geralmente acompanha a agressão explícita, enquanto a furtiva, por sua vez, é acompanhada por afetos mais neutros, exceto pelo dano à propriedade alheia, que é voltado para prejudicar o outro (Loeber & Stouthamer-Loeber, 1998).

Também se observam diferenças marcantes entre agressores explícitos e furtivos no que tange aos aspectos cognitivos: os primeiros, principalmente na infância, têm dificuldades para encontrar soluções não agressivas para os conflitos em que se envolvem, e, também, tendem mais a interpretar erroneamente as intenções alheias (Astor, 1994; Deluty, 1995; Loeber & Hay, 1997). Entretanto, esse tipo de dificuldade pode ser compensado por outros fatores como a posição familiar ocupada pela criança, pois as que têm irmãos mais velhos são mais desenvolvidas na habilidade cognitiva social, a chamada teoria da mente, do que filhos únicos, e inferem as intenções alheias melhor. Também os agressores furtivos não sofrem esta limitação, o que seria mesmo de se esperar, em função do tipo de delito que cometem: furtos e outras transgressões demandam justamente o contrário da impulsividade, isto é, planejamento e cuidado na execução para escapar da punição (Loeber & Stouthamer-Loeber, 1998).

Tendo em vista que os agressores furtivos têm, pelo menos em princípio, habilidades cognitivas mais sofisticadas para entender o caráter transgressor de seus atos, o que poderia então explicar a sua prática? Alguns autores localizam a causa na família para este tipo de transgressão, seja na ausência de transmissão de atitudes e valores contrários à violência, seja no estilo de punição: castigos físicos muito severos, de acordo com alguns estudos revistos, induzem a um comportamento furtivo, mais típico da agressão como roubo etc., assim como negligência, que se traduz na ausência de explicitação de valores como honestidade e respeito à propriedade alheia por parte dos pais no processo de socialização (Loeber e Hay, 1997). A punição violenta, além de contraproducente, pode, por outro lado, gerar mais violência, perpetuando o círculo vicioso: castigos físicos, tão severos que chegam a ser caracterizados como violência doméstica, aumentam a probabilidade das vítimas tornarem-se futuros agressores de seus familiares (Azevedo & Guerra, 1995). Vale advertir, no entanto, que a vítima de violência doméstica, ou outra forma de condição adversa de vida, não está fadada à contravenção: crianças de famílias problemáticas aprendem a compensar as circunstâncias familiares, na maioria das vezes por meio do apoio prestado por um adulto, com quem formam um vínculo afetivo e que os apóia, fortalecendo-os para o enfrentamento do problema (Loeber & Hay, 1997; Cecconello & Koller, 2000). Pode-se concluir a partir desses dados que este é um aspecto não só animador, mas importante em ser considerado pela escola: a aplicação de suspensões e outras formas de punição deve ser avaliada com cuidado, pois estas podem agravar o problema se resultarem em prejuízo acadêmico, que gera mais frustração, raiva e, provavelmente, mais agressão; e também, futuramente, reprovações e evasão, que limitam alternativas mais desejáveis de sobrevivência. Não se quer com isso fazer a apologia da impunidade, mas, sim, da aplicação criteriosa das sanções aos delitos identificados pela escola por adultos que tenham empatia e sensibilidade o suficiente para detectar as necessidades de apoio do aluno que nela se mostra agressivo, ou vítima de violência doméstica.

Outro fator a ser destacado é o gênero, nem sempre considerado por todos pesquisadores determinante na manifestação da agressividade. Talvez, mais importante que essa questão, na perspectiva defendida por este capítulo, seja a idéia de que meninos e meninas seguem a mesma trajetória. Ao que tudo indica, práticas desocialização diferentes têm um peso não desprezível, pois, na primeira infância, quando a influência do ambiente ainda é pequena, não são constatadas diferenças importantes entre meninas e meninos na manifestação das emoções (Ellsworth, 1994). Já no período pré-escolar, como já foi mencionado anteriormente, tais diferenças começam a se manifestar, pois os meninos começam a mostrar maior tendência do que meninas a agredir fisicamente (Otta & Sousa, 1999) em determinados contextos (Magalhães & Otta, 1995). Além disso, meninas, quando transgridem neste aspecto, iniciam mais tarde, geralmente na adolescência, quando adquirem maior autonomia da família. Tais diferenças devem-se a práticas de socialização que reprimem muito mais a agressão praticada por meninas do que por meninos.

Os resultados expostos acima favorecem a conclusão de que os valores diferentes transmitidos na socialização das meninas e meninos produzem, por sua vez, atitudes e condutas, também diferentes em relação à violência. De fato, há uma relação positiva entre atitude favorável à violência e probabilidade de agredir (Loeber & Hay, 1997). Entretanto, tal associação só aumenta com a idade, assim como a estabilidade, e, também, a previsibilidade mútua, da atitude prever comportamento, e este último prever a primeira. Seria interessante verificar (Loeber & Hay, 1997) se estes fatores protetores, que resguardam as meninas, de modo geral menos transgressoras, protegeriam também os meninos.

Concluindo, ainda é pouco o que se sabe sobre a interrupção do comportamento agressivo, sendo as principais causas apontadas para a desistência a construção de ligações fortes com instituições adultas, como família, trabalho e comunidade (Loeber & Hay, 1997). Ao que tudo indica, a desistência ocorre na adolescência e está diretamente relacionada à gravidade dos atos cometidos, sendo, ainda, função da percepção do perpetrador das conseqüências do seu ato e da probabilidade de ocorrência de sanção social para os mesmos. Essa percepção é fruto de uma mudança do poder das sanções externas para a transgressão, como, por exemplo, disciplina dos pais, para uma regulação interna do comportamento. É muito provável que a habilidade de regular emoções negativas, como raiva e impaciência, desempenhe um papel importante na interrupção da agressão e da violência. A desistência é, possivelmente, resultado da adoção de valores e padrões de conduta não violentos. Tal mudança precisa, todavia, ser mais investigada, principalmente entre jovens do sexo masculino, para verificar se adotaram mesmo valores contrários à violência, ou se, simplesmente, passaram a praticar violência doméstica contra a esposa e os filhos para uma inserção social no mundo do trabalho e da comunidade. Porém, vale lembrar um resultado importante relacionado ao aspecto anterior: a agressividade responde bem a programas de intervenção, que, infelizmente, são realizados mais freqüentemente na idade escolar, quando a agressão já pode ter surgido e se instalado, sem que a criança tenha aprendido a regulação da mesma (Tremblay, 2000), ou seja, a ver alternativas à violência na resolução de problemas do tipo conflito interpessoal. É o que será analisado a seguir.

Condutas não violentas na resolução de conflitos

Em que aspectos os comportamentos alternativos aos violentos, submissão, o mais comum, e o assertivo, mais raro, diferenciam-se da agressão? Como se examinará, a seguir, na forma de enfrentamento e na percepção do outro, em termos de direitos e deveres iguais aos próprios.

Iniciando pelo mais freqüente dos dois, o comportamento submisso envolve, aparentemente, a consideração dos direitos e sentimentos dos outros, só que em prejuízo dos próprios, pois não há enfrentamento da situação. Caracteriza-se, assim, pela fuga ou esquiva da situação de confronto, o que é freqüentemente justificado pela negação de ocorrência de qualquer conflito, por meio de argumentos defensivos, como ausência de dano ou de ameaça à auto-estima, etc. O comportamento submisso é mais freqüente que o assertivo, por ser visto, principalmente em algumas culturas, como mais adaptativo, ou desejável socialmente, por não ocasionar distúrbio (Del Prette & Del Prette, 2002). Observe-se, porém, que a fuga ou esquiva nem sempre são movidas por tais considerações de desejabilidade social, e sim, por medo, o que torna a submissão o verso da agressividade (Deluty, 1979). Em outras palavras: indivíduos agressivos submetem-se quando se sentem intimidados pelo outro. Tal ocorrência é extremamente indesejável em função do afeto acumulado resultante, pois emoções despertadas por eventuais prejuízos sofridos, somam-se ao já experienciado e reprimido no início do confronto. Esta insegurança não passa despercebida na interação social, no caso, os pares de idade, que desde cedo, 5 anos em média, são capazes de detectar o poder inibidor do sentimento de medo: crianças agressivas são percebidas por seus colegas não só como tal, mas, também, como mais medrosas do que outras, sendo com isso, menos populares (Morais & cols., 2001). Inicialmente se pensava que tanto os comportamentos agressivos como os submissos seriam mais freqüentes do que os assertivos, pela inabilidade de muitas crianças em avaliar a inadequação de um comportamento naquela situação (Deluty, 1981). Porém, as pesquisas têm revelado que crianças agressivas e submissas sabem identificar que comportamentos são inadequados na resolução de conflitos interpessoais, mas têm dificuldade em ver alternativas adequadas, que resolvam o problema preservando o seu e o direito do outro; como se as únicas soluções possíveis se resumissem à luta ou fuga, sem outras opções entre elas. Mesmo quando são capazes de pensar nessas alternativas, alguns acreditam que lucrarão mais apresentando um comportamento agressivo ou submisso (Deluty, 1995).

Passando para a alternativa mais desejável, o comportamento assertivo, verifica-se que este se caracteriza, como o agressivo, pelo enfrentamento da situação de conflito, manifestado em comportamentos explícitos de defesa dos próprios direitos e opiniões, sem, com isso, usar qualquer forma de coerção, como violência ou desrespeito ao direito e opinião alheios (Deluty, 1981). É importante ressaltar, que envolve, também, expressão de pensamentos e sentimentos positivos, como, por exemplo, elogiar e concordar com opiniões dos outros. É, assim, o mais desejável dos comportamentos em situações de conflito, embora nem sempre seja o mais aconselhável, como, por exemplo, em uma situação que envolve perigo, ou quando se submeter pode representar o fortalecimento de um vínculo. Verifica-se, assim, que o comportamento assertivo não só é o mais desejável, pois busca solucionar a situação pela negociação, sem desrespeitar a si ou ao outro, mas é, ainda, o que mais mobiliza recursos cognitivos e afetivos do indivíduo, em função das avaliações e decisões envolvidas, o que o torna o mais sofisticado em termos psicológicos. Provavelmente é o que, também, demanda mais aprendizagem, muitas vezes associada à intervenção adulta por meio da educação: refletir sobre tudo que está implicado na situação, e mesmo na forma, pois a expressão de pensamentos e sentimentos perde força se não for feita em um tom de voz firme e contato visual com o interlocutor (Deluty, 1995).

Educando para a negociação

Como já foi analisado acima, o estilo familiar de resolução de conflitos tem um papel importante sobre o modo como a criança enfrentará os seus próprios no decorrer da vida (Deluty, 1981). Como mostram outras pesquisas, professores e outros adultos envolvidos com a criança têm um papel importante sobre a escolha de resposta à situação de conflito, muitas vezes sem ter consciência disso, submetendo-se inadvertidamente aos caprichos da criança e estimulando, assim, comportamentos pouco desejáveis, como autoritarismo. É ilustrativa a observação a esse respeito em grupos de crianças na pré-escola, organizados precocemente em termos de dominância e submissão (Otta & Sousa, 1999). Essa organização se dá no início do convívio do grupo, quando a dominância é estabelecida por meio de condutas agressivas. Passado algum tempo, porém, a criança dominante já não tem mais que afirmar seus desejos coercitivamente, em função da submissão que estabeleceu entre os demais, adultos, inclusive. Por outro lado, professores e outros profissionais tendem, em prol da disciplina, a valorizar mais a obediência, a cooperação e outros comportamentos pró-sociais, levando algumas crianças a concluir, inclusive por falta de instrução explícita, que quaisquer outras soluções para conflitos são indesejáveis (Del Prette & Del Prette, 2002). Evidências dessa tendência foram observadas em crianças de 5 anos em média, que interpretaram como cooperativos comportamentos explicitamente qualificados por um adulto na situação experimental como indicativos de submissão (Morais e cols., 2001). Para evitar esse tipo de confusão é necessário que o professor seja claro, negando-se, por exemplo, a intervir, a todo momento, nos conflitos entre alunos, mas estimulando-os a negociarem entre si, de modo pacífico, seus problemas (Branco e Mettel,1995). Agindo assim, estará ensinando-os, além de serem autônomos, a serem também assertivos, coerentemente com o já apontado acima. É importante ressaltar ainda, que os adultos socializam a criança dentro de um determinado sistema de valores, os da sua cultura, daquilo que é considerado ideal, e que regula a interação entre seus membros, como pesquisas realizadas vêm demonstrando. Assim, práticas de socialização aparentemente corriqueiras, como consultar a criança sobre o que deseja comer e outras, têm seu significado ligado ao que a cultura considera ideal desenvolver como modo de funcionamento psicológico entre seus membros. Em outras palavras: culturas como a norte-americana, por exemplo, que valorizam um funcionamento psicológico independente, em função de sua inserção no sistema social chamado individualismo, no qual o ideal de vida é que a expressão individual sobrepuje a do estado, tendem a socializar a criança em direção à autonomia, ao sentimento de eficácia, à expressão e defesa de seus desejos, direitos e sentimentos (Raeff, 1997), para estar apta a competir em um ambiente em que o indivíduo é visto como livre e responsável pelos resultados que obtém. Neste tipo de cultura, valores como honestidade, respeito, etc. são enfatizados e incutidos desde cedo, para que o sistema não entre em colapso pela menor regulação do estado na vida dos cidadãos. Tais valores, permeando as práticas de socialização, poderiam, também, a nosso ver, levar a uma maior valorização da assertividade na interação social. Já as culturas denominadas coletivistas, latinas, orientais e árabes, organizadas diferentemente, em torno do grupo, tenderiam a socializar a criança para um funcionamento psicológico mais interdependente, (Markus & Kitayama, 1991; Kitayama, 2001) de valorização da convivência harmoniosa com o outro, de relacionamento e solidariedade (Dias, Vikan & Gravas, 2000), o que resultaria em maior ênfase na observância da obediência, de respeito à autoridade, etc., (Wang & Leichtman, 2000), que poderiam, a nosso ver, favorecer maior submissão, ou pelo menos, uma percepção da submissão como algo socialmente desejável.

Entretanto, tais sistemas de valores não devem ser considerados determinísticos, no sentido do indivíduo reproduzir fielmente a cultura em que é socializado (Oyama, 1994; Raeff, 1997). Nem a cultura deve ser vista como o simples reflexo dos funcionamentos individuais de seus membros. Pelo contrário, os indivíduos envolvem-se ativamente na interpretação do significado da experiência, condicionada então às suas peculiaridades, abrindo espaço para as diferenças individuais. Por outro lado, os membros de um dado grupo criam coletivamente mundos intencionais, que são mais que uma somatória de contribuições individuais, pois os significados culturais são constantemente negociados na interação social, o que, além de abrir espaço para as diferenças individuais, permite que a própria cultura se modifique.

Ë justamente este espaço de negociação de significados e mudança que pode ser aproveitado pela educação, caso se deseje reverter a tendência ao crescimento da violência que presenciamos atualmente. É preciso que escola e família atuem de modo conjunto, no sentido de valorizar a formação de indivíduos autônomos e conscientes da importância do respeito pelo direito do outro, do poder resolver situações de conflito de modo pacífico, regulando suas emoções, escolhendo alternativas de ação que conciliem os interesses de todos.

Considerações finais

Em suma, a única conclusão possível, a partir do exposto acima, é a da necessidade de programas educacionais que busquem desde a pré-escola levar as crianças a perceberem os seus sentimentos e direitos e, também, os do outro, desenvolvendo assim atitudes favoráveis à solução pacífica de conflitos, que concilie os interesses de todos os envolvidos. Mas, é preciso mais do que isso: que sejam estimuladas a resolver os conflitos que se envolvem por si mesmas, sem constante intervenção adulta, para que aprendam a ser autônomas, desde o considerar alternativas de ação e suas conseqüências, até sua efetivação. Além disso, as punições às transgressões na escola devem ser justas, de modo que o aluno confie nela, até para protegê-lo de eventuais violências que possa sofrer na família.

Na situação concreta de sala de aula, não existem fórmulas mágicas para o ensino da resolução de conflitos interpessoais, como bem lembram Sastre e Moreno (2003), que acrescentam, ainda, que a boa solução é encontrada depois de uma análise da situação, como em qualquer outro problema. “Formar pessoas para resolver satisfatoriamente seus conflitos consiste em não evitar os conflitos, mas desenvolver a capacidade de tratá-los como elementos que fazem parte da convivência, e com base nos quais é possível aprender muitas coisas sobre si mesmo e sobre as outras pessoas." (p. 146). Mas, como proceder de modo a favorecer esse tipo de atitude entre os jovens? As autoras propõem que o conflito seja trabalhado em sala de aula, em situações neutras, em que justamente não esteja ocorrendo qualquer distúrbio desta natureza, para que seja possível aos alunos refletir com a devida tranqüilidade sobre situações fictícias a serem analisadas desde as suas causas até as soluções possíveis, passando pelos motivos, sentimentos e cognições dos envolvidos. Segundo as autoras, não é no calor do conflito que as boas soluções são encontradas e aprendidas, mas na prática repetida em contextos que favoreçam a reflexão. A escola não tem por norma trabalhar em seu interior a vida afetiva, por manter, ainda, uma tradição de pensamento que remonta aos gregos, de valorização do pensamento racional, da esfera do público, cujo desenvolvimento é sua tarefa, cindido das emoções, perturbadoras e do privado, que devem ser "esfriadas" pela razão (Sastre e Moreno, 2002). Porém, nada mais falso que esta separação entre afeto e conhecimento. Ambos são estados mentais, que denominamos ora afeto, ora conhecimento, dependendo da cultura (Bruner, 1997) que prescreve, ainda, como devemos nos comportar em cada situação. Como analisado acima, estados afetivos envolvem conhecimentos complexos acerca da situação, de si, dos outros. Por outro lado, não existe conhecimento desprovido de afeto, seja pelo interesse que desperta, seja pelo valor conferido pela cultura, que o torna desejável aos olhos de seus membros.

Referências

Astor, R. (1994). Children's moral reasoning about family and peer violence: The role of provocation and retribution. *Child Development*, 65, p. 1054-67.

Azevedo, M. A & Guerra, V. (1995). *Violência doméstica na infância e na adolescência.* São Paulo: Robe.

Borum, R. (2000). Assessing violence risk among youth. *Journal of Clinical Psychology*,_56, p. 1263–88.

Branco, A. U. & Mettel, T. P. L. (1995) Canalização cultural das interações criança-criança na pré-escola. *Psicologia: teoria e pesquisa*, 11:1, p. 13-22

Bruner, J. (1997) *Realidade menta l- mundos possíveis.* Porto Alegre: Artes Médicas.

Bussab, V. S. R. (1999) Da criança ao adulto: o que faz o ser humano ser o que ele é? indeterminações entre natureza e experiência no desenvolvimento. In: A. Massote Carvalho (Org.) *O mundo social da criança: natureza e cultura em ação.* São Paulo: Casa do Psicólogo.

Cecconello, A. M. & Koller, S. H. (2000). Competência social e empatia: Um estudo sobre resiliência com crianças em situação de pobreza. *Estudos de Psicologia*, 5, p. 71-93.

Del Prette, Z. A. P. & Del Prette, A. (1996). Habilidades sociais: Uma área em desenvolvimento. *Psicologia: Reflexão e Crítica*, 9, p. 233-55.

Del Prette, Z. A. P. & Del Prette, A. (2002). Avaliação de habilidades sociais de crianças com um inventário multimídia: Indicadores sociométricos associados a freqüência versus dificuldade. *Psicologia em Estudo*, 7,,p. 61-73.

Deluty, R. H. (1979). The children's action tendency scale: A self report measure of agressiveness, assertiveness and submissiveness in children. *Journal of Consulting Psychology*, 47, p. 1061-71.

Deluty, R. H. (1981). Alternative thinking ability of agressive, assertive, and submissive children. *Cognitive Therapy and Research*, 5, p. 309-12.

Deluty, R. H. (1983). Children's evaluation of aggressive, assertive, and submissive responses. *Journal of Clinical Psychology*, 12, 2, p. 124-9.

Deluty, R. H. (1995). Assertiveness vs agressiveness: What's the difference? *Maryland Family Magazine*, 26-27.

Dias, M. G. B B., Vikan, A. & Gravas, S. (2000). Tentativa de crianças em lidar com as emoções de raiva e tristeza. *Estudos de Psicologia*, 5, p. 49-70.

Edmunds, G. & Kendrick, C. D. (1980). *The measurement of human aggressiveness*. New York: Ellis Horwood.

Ellsworth, P. (1994). Sense, culture and sensibility. Em S. Kitayama & E. Markus (Orgs.) *Emotion and culture: Empirical studies of mutual influence.* (p. 23-49). Washington, D. C.: American Psychological Association.

Geen, R. G. (1990). *Human agression*. new York: Academic Press.

Kitayama, S. (2001). Culture psychology of the self: A renewed look at independence and interdependency. *International Journal of Psychology*, 35, p. 204-34.

Loeber, R. & Stouthamer-Loeber, M. (1998). Development of juvenile aggression and violence. *American Psychologist*, 53, p. 242-59.

Loeber, R & Hay, D. F. (1997). Development of aggression. *Annual Review of Psychology*, 48, p. 411-47.

Magalhães, C. M. C. & Otta, E. (1995). Agressão em crianças: Influências do sexo e de variáveis situacionais. *Psicologia: teoria e pesquisa*, 11, p. 7-12.

Markus, H. R. & Kitayama, S. (1991). Culture and the self: Implications for cognition, emotion and the self. *Psychological Review*, 98, p. 224-53.

Morais, M. L S., Otta, E. & Scala, C. T. (2001). *Status* sociométrico e avaliação de características comportamentais: Um estudo de competências sociais em pré-escolares. *Psicologia: Reflexão e Crítica*, 14, p. 191-131.

Oyama, S. (1994). Rethinking Development. In: P. Beck (Org.) *Psychological Anthropology*. (p.185-96). Connecticut: Praeger.

Otta, E. & Sousa, I. J. F. C. (1999). Crianças alfa e crianças ômega: um estudo sobre papéis desempenhados num grupo de pré-escola. In: A. M. Carvalho (Org.). *O mundo social da criança: natureza e cultura em ação*. (p.33-48). São Paulo: Casa do Psicólogo.

Raeff, C. (1997). Individuals in relationships: Cultural values, children's social interactions, and the development of an American individualistic self. *Developmental Review*, 17, p. 205-38.

Sastre, G. & Moreno, M. (2002). *Resolução de conflitos e aprendizagem emocional: gênero e transversalidade*. São Paulo: Moderna.

Sastre, G. & Moreno, M. (2003) O significado afetivo e cognitivo das ações. In: V. A. Arantes (Org.) *Afetividade na escola - alternativas teóricas e práticas*. São Paulo: Summus.

Sternberg, R. (2000). *Psicologia Cognitiva*. (M. R. B. Osório, Trad.). Porto Alegre: Artes Médicas. (Original publicado em 1996.)

Tremblay, R. E. (2000). The development of aggressive behavior during chidhood: What have we learned in the past century? *International Journal of Behavioral Development*, 24, p. 129-41.

Yunes, J. (2002). Prefácio. In: M. F. Westphal (Org.). *Violência e criança*. (p.11- 12) São Paulo: EDUSP.

Wang, Q. & Leichtman, M. D. (2000). Same beginnings, different stories: A comparison of American and Chinese children's narratives. *Child Development*, 71, p. 1329-46.

As salas de bate-papo na Internet são um novo espaço para o compartilhamento da intimidade[1]?

Ana Cristina Garcia Dias
Yves De La Taille

Este trabalho tem por objetivo suscitar algumas reflexões sobre a influência das novas tecnologias de comunicação virtual (via Internet) no falar de si, na exploração do si mesmo e na construção de fronteiras da intimidade durante a adolescência. Inicialmente, o contexto da comunicação virtual é descrito juntamente com questões contemporâneas que vêm sendo realizadas sobre o assunto. A seguir, são apresentados os conceitos de representação de si, intimidade e revelação de si, articulando-os com a temática da comunicação virtual e da adolescência. Em seguida, os resultados de uma investigação empírica realizada sobre o tema são brevemente apresentados como subsídios para reflexão. Por fim, discutem-se esses resultados tendo como pano de fundo os conceitos introduzidos anteriormente.

---

[1] As idéias apresentadas neste trabalho são decorrentes da tese de doutorado – *A revelação de si na Internet: Um estudo com adolescentes* – realizada pela primeira autora no programa de Psicologia Escolar e do Desenvolvimento do Instituto de Psicologia USP/SP, sob a orientação do segundo autor. A elaboração da tese contou com a interlocução da professora Françoise Bariaud da Université Haute Bretagne – Rennes 2, possibilitada através do acordo CAPES/COFECUB.

Internet: um novo sistema de comunicação interpessoal

A utilização de computadores domésticos aumentou muito a partir da última década do século XX, especialmente após a popularização da Internet[2] (Rede Mundial de Computadores). A Internet trouxe uma nova possibilidade de comunicação entre os indivíduos, além de viabilizar o acesso a uma quantidade de informações nunca antes imaginada. Muitos pesquisadores têm buscado investigar os efeitos dessa tecnologia na vida cotidiana das pessoas. A princípio, as pesquisas a respeito da comunicação mediada por computador consideravam a rede como um instrumento capaz de transmitir basicamente informações impessoais. Atualmente, essa visão mudou. A rede é vista como um instrumento importante e poderoso de comunicação interpessoal. Apesar dessa mudança de perspectiva, o número de estudos a respeito dos aspectos interpessoais das relações por Internet ainda é reduzido, estando este campo de pesquisa em uma fase inicial (Weisgerber, 2000).

Para alguns a rede constitui-se em um evento cultural sem precedentes na história da humanidade, pois traz benefícios a todos os setores da atividade humana. A possibilidade de comunicação, acesso e de transmissão de saber seriam ilimitados (Lajoie, 1998). Inclusive, fala-se de um aumento no poder individual dos cidadãos que, devido ao acesso mais democrático à informação, podem tornar-se mais atualizados

---

[2] A Internet é um conjunto de redes de computadores que funcionam interligados pelo mundo inteiro. Ela surgiu de um projeto da agência norte-americana ARPA (Advanced Research and Projects Agency) com o objetivo de criar um sistema de defesa a possíveis ataques em caso de guerra. A partir da rede de computadores da ARPA, outros computadores foram sendo interligados, até dar origem ao que conhecemos atualmente como Internet.

e tomar melhores decisões a respeito de diferentes aspectos de suas vidas (por exemplo, na escola, no trabalho ou em relação à própria saúde). A Internet é vista como um recurso que amplia as possibilidades de relacionamento social, uma vez que ela permite aos usuários superar restrições geográficas e mesmo o isolamento social causado por preconceitos, doenças ou problemas de horários da vida cotidiana (Berton, 2000). Além disso, os relacionamentos na rede são construídos em torno de interesses comuns, estando menos sujeitos às interferências de questões relativas a tempo, espaço e aparência física que permeiam as relações face a face, o que possibilita aos sujeitos envolvidos na comunicação uma interação mais franca e objetiva (Schnarch, 1997; Wysocki, 1998).

Em contraposição, outros autores argumentam que a Internet isola os indivíduos, limita suas relações sociais e pode levar à dependência e ao desinvestimento da realidade cotidiana (Leon & Rotunda, 2000; Turkle, 1995). A Internet, segundo esta linha de pensamento, estaria colocando em risco nossa vida privada, pois informações pessoais podem ser obtidas com o uso de má-fé e posteriormente utilizadas para causar danos às pessoas. É o caso, por exemplo, de indivíduos pedofílicos, que podem encontrar suas potenciais vítimas por intermédio da rede (Griffits, 1997). Existe ainda a ausência de segurança a respeito de dados confidenciais dos usuários, o que pode gerar formas de controle social. Por exemplo, Griffits (2000) relata que crianças no Estados Unidos, além de estarem sujeitas à exposição da pornografia, podem ser exploradas por comerciantes através da Internet. Comerciantes utilizam esse meio para obter informações privadas de crianças através de *sites* direcionados a essa população, com o objetivo de traçar perfis individuais e criarem propagandas voltadas especificamente para elas.

No Brasil a utilização da Internet é cada vez mais significativa. O Brasil é o terceiro país nas Américas no número de *sites* apresentados na rede (*Folha de S. Paulo*, 1/9/99). Ainda, de acordo com o IBOPE, cerca de 6% da população das nove principais cidades do Brasil utilizavam o computador para acessar a Internet em julho de 1998, sendo que este número passou para 20% em maio de 2001. Além de "navegar" pela rede, enviar e receber *e-mails*, a pesquisa verificou que uma substancial parcela dos usuários também utilizava as salas de bate-papo disponíveis na Internet (IBOPE, 2002). Esses dados atestam a crescente importância que a comunicação por computador vem assumindo na vida das pessoas e evidenciam a necessidade de melhor compreendermos as características deste meio, a fim de podermos avaliar as suas possíveis repercussões sobre os indivíduos.

Nicolaci-da-Costa (1998), observando o crescimento e a importância da utilização da Internet no cotidiano dos brasileiros, teceu um conjunto de considerações sobre os impactos do uso das salas de bate-papo na vida de usuários da rede. Através de impressões pessoais, de leituras de material especializado e de depoimentos de uma pesquisa empírica ela nos oferece uma extensa descrição da utilização da Internet no Brasil. Em seu livro *Na malha da rede: os impactos íntimos da Internet*, a autora discute novos conceitos e novas lógicas subjacentes a essa tecnologia, apresentando-nos as implicações das novas formas de linguagem características da rede e as novas possibilidades de relacionamentos decorrentes do uso das salas de bate-papo. De fato, a autora ressalta a importância de estudos que investiguem profundamente os impactos que essa nova forma de comunicação e obtenção de informações ocasionará na vida das pessoas. Para ela, sem dúvida, a Internet modificará a forma de as pessoas sentirem, de se relacionarem e se verem no mundo.

As salas de bate-papo trouxeram às vidas de muitas pessoas uma nova possibilidade de se relacionar com os outros e, de certa forma, consigo mesmas. Os *chats* tornaram-se verdadeiros facilitadores de contato social, seja para namoro, sexo, amizade, desabafos ou simplesmente diversão (Campos, 2000; Nicolaci-da-Costa, 1998). A proteção do anonimato oferecida por esse tipo de comunicação permite ainda a experimentação de papéis e a realização "virtual" de fantasias que não seriam admissíveis ou possíveis para a maioria das pessoas na vida real, tais como homens fazendo-se passar por mulheres (ou vice-versa), ou ainda a apresentação idealizada de si frente aos outros internautas. Contudo, o anonimato não favorece apenas a mentira e a falsidade. Ele permite também que indivíduos tímidos e de poucos contatos sociais possam fazer amizades ou abordar seus problemas com alguém sem serem paralisados pelo fantasma da rejeição ou pela vergonha. Mesmo para os indivíduos que não apresentam dificuldades de relacionamento social o anonimato possibilita uma aproximação mais direta às outras pessoas ou, ainda, uma exploração de papéis mais desinibida.

Em síntese, os *chats* constituem-se em um novo fenômeno social, bastante popular entre adolescentes e jovens adultos que têm acesso à Internet atualmente (Dihel, 2001). Contudo, pouco se sabe sobre as repercussões que essa nova modalidade de interação social pode ter sobre o desenvolvimento psicológico. Embora alguns autores se preocupem com possíveis efeitos negativos que esse sistema de comunicação possa trazer às pessoas, tais como a dependência (Griffits, 1997; 2000; Leon & Rotunda, 2000), os potenciais benefícios também parecem ser importantes (Turkle, 1995).

A adolescência é um momento privilegiado para o estudo desse fenômeno, pois essa fase do desenvolvimento, tal como é concebida hoje, é produto de transformações ocorridas em nossa sociedade decorrentes da modernidade (Ruffino, 1993). Atualmente, o adolescente é visto tanto como particularmente sensível a mudanças sociais como gerador dessas transformações. O final da infância e o início da adolescência são considerados momentos privilegiados para o estudo desses assuntos, pois profundas transformações no indivíduo e em suas relações com o social estão ocorrendo (Steinberg, 1996). É um período no qual o indivíduo deve integrar suas experiências passadas às novas capacidades e habilidades emergentes, assim como as mudanças biológicas, cognitivas, emocionais e sociais na conquista de um senso de identidade (Erikson, 1971). Nesse sentido, as interações sociais assumem grande importância na medida em que constituem um espaço de experimentação e reflexão para a construção de novas representações de si.

Adolescência e Internet

A atração dos adolescentes pelos computadores já foi largamente reconhecida na literatura psicológica, havendo muitos estudos realizados na área da educação e solução de problemas (Drotner, 1999). No entanto, questões relativas à influência desse instrumento no contexto social do adolescente ou os possíveis efeitos psicológicos de sua utilização ainda carecem de maiores investigações até o presente momento. De fato, Drotner (1999) constatou que, em sua maioria, as pesquisas acerca da utilização de computadores na adolescência têm explorado as potencialidades e o impacto do computador enquanto um instrumento pedagógico de busca de informação. Poucas pesquisas abordam o comportamento do adolescente na Internet, sendo escassa a exploração dos aspectos lúdico e terapêutico do uso da rede. Os estudos realizados se ocupam, geralmente, da utilização de jogos de vídeo e/ou dos riscos potenciais de adição a este meio. Entre os riscos potenciais que a Internet traz para os adolescentes encontram-se as exposições a materiais pornográficos, o contato com indivíduos pedofílicos e comerciantes sem escrúpulos, e a adição a jogos de vídeo, especialmente os interativos que utilizam o mesmo sistema das salas de *chats* (Griffits, 1997).

Além disso, a possibilidade de se tornarem dependentes das interações desenvolvidas na rede é um outro risco ao qual os jovens estão suscetíveis. Griffits (1997) aponta que o estereótipo mais corrente do dependente da Internet é o de um adolescente com problemas de relacionamento e inseguro, que provavelmente possui pouca ou nenhuma vida social. Esse estereótipo, contudo, não corresponde necessariamente à realidade, pois os comportamentos aditivos na Internet dependem muito do tipo de atividade realizada. Griffits (2000), por exemplo, acredita que a adição à Internet se estenda a uma pequena minoria de sujeitos, não se restringindo à etapa da adolescência.

Outra preocupação de muitos pais e educadores a respeito da Internet é a exposição de crianças e adolescentes a pessoas interessadas em estabelecer alguma espécie de contato sexual com jovens. Pelo menos um estudo sugere a pertinência dessa preocupação. Lamb (1997), através de uma pesquisa sobre sexo virtual nas salas de conversação voltadas para jovens na rede, observou que somente 10% dos usuários destas salas pareciam ser adolescentes. Dois terços das pessoas que o pesquisador encontrou utilizavam essa identidade (ser adolescente) como um meio de realizarem atividades masturbatórias com internautas que eles acreditavam ser jovens. Este pesquisador realizou este estudo nas salas de conversação para jovens da *America Online*, identificando-se como um jovem bissexual. Seus dados foram coletados através das salas de conversação sem possibilidade de confirmação posterior. Contudo, o autor assinalou que a maior parte das pessoas que adotou a identidade adolescente não parecia possuir conhecimentos sobre a vida adolescente. Os participantes freqüentemente faziam uso de uma linguagem vulgar, indecente e com descrições sexuais explícitas. O autor supôs que o fato de pensarem estar conversando com um jovem aumentava a fantasia sexual desses usuários. Os sujeitos jovens que o pesquisador encontrou participando dessas salas apresentavam um comportamento diferenciado desses dois terços da população. Eles não realizavam descrições físicas pessoais e geralmente falavam de suas atividades cotidianas como família, escola, *hobbies* e relações com os outros. Eles eram reticentes ao falar sobre sexo e alguns admitiam a curiosidade por atividades homossexuais. No entanto, eles se apresentavam mais como curiosos acerca deste assunto do que com vontade de participar deste tipo de atividade. Quando participantes das salas de conversação propunham o sexo virtual, alguns pareciam surpresos e chocados com esta prática. Alguns admitiam estar dispostos a encontros com outros jovens, mas quando a ocasião se apresentava eles desistiam das conversas.

Outros possíveis efeitos negativos da Internet são também descritos por Kraut, Patterson, Lundmark, Kiesler, Mukopadhyay e Scherlis (1998). Estes autores encontraram, em um estudo longitudinal com famílias que tinham membros usuários da Internet, associação entre uso da rede e diminuição da comunicação familiar, assim como redução da rede social. Os participantes deste estudo relataram um aumento de sentimentos de solidão e depressão, sendo que os resultados mais significativos foram encontrados entre adolescentes. Os pesquisadores cogitaram que os jovens, devido às transformações desenvolvimentais pelas quais estavam passando, utilizavam a rede como uma forma de isolar-se do contato social, ao menos com os membros de suas famílias. A Internet, nesse caso, poderia servir como um meio que viabilizaria essa necessidade de afastar-se da família.

Sanders, Field, Diego e Kaplan (2000) também estudaram a associação entre a utilização da rede e níveis de depressão e isolamento social de adolescentes. Através da aplicação de questionários que avaliaram estas dimensões, estes autores encontraram uma associação significativa entre a utilização da Internet e redes sociais fracas. Os usuários que utilizavam menos a Internet descreveram melhores relações com suas mães e amigos do que aqueles que faziam uma maior utilização. Contudo, não foi possível determinar a direção dos resultados, isto é, não se pôde responder se adolescentes que possuíam uma fraca rede social eram mais propensos a se tornar usuários da rede ou se a própria utilização acarretaria uma diminuição de sua rede social (sendo ainda necessário considerar que estas duas hipóteses não são excludentes). Neste estudo, no entanto, a utilização da Internet não se mostrou associada a níveis de depressão como no estudo de Kraut e colaboradores (1998). Os autores explicaram essa diferença de resultados argumentando que o pequeno tamanho da amostra deste estudo provavelmente não possibilitou a detecção de efeitos estatisticamente significativos.

Zimmerman (1987) realizou uma análise de conteúdo da comunicação de 18 adolescentes severamente perturbados, com idades entre 13 e 20 anos, em suas interações em grupo através do computador e face a face, utilizando um dicionário eletrônico psicossociológico. Os resultados indicaram que a comunicação por computador era mais expressiva e exibia mais freqüentemente menções a sentimentos e questões interpessoais do que a comunicação face a face. Na comunicação por computador destacava-se mais a qualidade mútua da relação, enquanto nas discussões face a face a relação era caracterizada por uma forma mais discreta e unilateral de comunicação. De fato, os resultados sugeriram que a comunicação por computador podia representar uma nova modalidade de revelação de si rica em conteúdo emocional em adolescentes com problemas emocionais graves. A comunicação por computador também se mostrou mais realista e "adulta", apesar de os adolescentes terem se identificado essencialmente com questões não-adultas. No que concerne às questões de gênero, observou-se que nas conversas por computador assuntos tidos como "femininos" eram mais freqüentes do que nas conversas face a face. Estas últimas, por sua vez, apresentaram maiores índices de conteúdo masculino. O autor extrapolou seus resultados sugerindo que certas diferenças de gênero tradicionais podem ser até mesmo diminuídas nesse tipo de comunicação.

Gros, Juvonen e Gable (2002) observaram, em um estudo com adolescentes entre 11 e 13 anos, que a comunicação na rede por adolescentes é realizava de forma similar a outras formas de interação típicas deste período. Os jovens não abandonam outras atividades tais como falar ao telefone, participar de clubes esportivos ou sair com os amigos para ficar na Internet. Na verdade, os adolescentes utilizavam a rede como uma forma de comunicação complementar à realizada em seus cotidianos com os amigos de escola. Contudo, adolescentes que relatavam maiores sentimentos de solidão ou ansiedade social eram aqueles mais propensos a se comunicarem com estranhos.

De um modo geral, a literatura sobre o uso da Internet na adolescência, ainda que incipiente, sugere que a comunicação pela rede traz repercussões importantes para os jovens e que estas podem ser tanto negativas quanto positivas. De fato, as relações virtuais apresentam características distintas das presenciais, o que pode ajudar a explicar, ao menos em parte, as diferenças observadas nos conteúdos da comunicação nesses dois contextos.

Internet: um novo espaço para a construção de si?

A Internet (e as salas de bate-papo mais especificamente) parece estar promovendo modificações importantes na forma de as pessoas se relacionarem, especialmente no que tange à revelação de aspectos pessoais acerca do si mesmo. Na literatura, a revelação de si é vista como um importante incentivador ao desenvolvimento e manutenção das relações estabelecidas na Internet. Merkle e Richardson (2000) acreditam que, contrariamente às relações face a face, a possibilidade de conhecer alguém por computador é dada pela habilidade do indivíduo de se auto-revelar e de compartilhar pontos de vista íntimos.

A rede, com características como distanciamento físico e anonimato, parece estar propiciando um novo ambiente, mais seguro, para a exposição de si isenta de constrangimentos e sanções sociais. Alguns autores, inclusive, sugerem que as relações na rede estariam permitindo uma melhor expressão do verdadeiro *self* que as relações face a face (Bargh, Mckenna & Fitzsimons, 2002).

Com efeito, observamos que a representação de si é construída nas relações interpessoais que estabelecemos com os outros. Segundo Rodriguez-Tomé (1972), a representação de si é formada a partir de imagens próprias e imagens pessoais que o indivíduo possui acerca de si mesmo. A imagem própria é constituída de traços de personalidade, predisposições, atitudes, capacidades ou hábitos que o indivíduo reconhece como representando a si próprio. São as percepções e representações íntimas que ele tem de si mesmo. Pode-se dizer que ela é formada da reflexão da consciência do eu sobre o próprio eu. Já a imagem social de si é construída através de pistas e indícios sobre o seu próprio eu que o indivíduo reconhece como provindos de outros indivíduos de seu meio cultural. São percepções ou representações que o indivíduo acredita que outros indivíduos possuem acerca dele próprio.

Rodriguez-Tomé (1972) considera a imagem social parte indispensável à consciência de si, pois a tomada de consciência de si é simultânea à tomada de consciência do outro. A comunicação com o outro implica uma definição recíproca e relativa dos participantes da interação. O indivíduo deve ser e saber-se alguém para o outro, assim como perceber que o outro é e tem uma representação dele próprio enquanto alguém. O papel do outro é fundamental na construção de si, pois é através da antecipação da representação que o indivíduo possui das idéias e julgamentos que o outro tem de si que ele organiza e orienta seus valores e comportamentos em direção a esse outro. O sentimento do eu é, desta forma, afetado pelos julgamentos imputados ao outro, por estas imagens de si que ele toma como enviadas pelo outro. Da mesma forma, é importante o indivíduo possuir uma imagem pessoal de si mesmo, imagem esta que pode ou não ser partilhada com os outros.

O compartilhamento de aspectos pessoais (revelação de si) pode tanto contribuir para um desenvolvimento saudável do indivíduo quanto gerar riscos a sua saúde mental. Na verdade, existiria um nível ótimo de revelação de si. Revelar-se em demasia pode indicar uma falta de nitidez das fronteiras de si mesmo, ou ainda uma falta de capacidade de avaliar os riscos interpessoais implicados na revelação de si. Da mesma forma, não se revelar pode levar o indivíduo a fechar-se em si mesmo com seus problemas e angústias.

Empregando o conceito de privacidade elaborado por Altman (1979)[3], La Taille, Bedoin e Gimenez (1991) concebem a intimidade como um caso particular de privacidade, pois esta encontrar-se-ia relacionada ou não à revelação de si que um indivíduo faz de certos aspectos de si aos outros. Nesse sentido, implicaria desenvolvimento de uma certa capacidade individual de regular o acesso dos outros ao seu eu, partilhando alguns aspectos particulares de si sem, contudo, perder a noção nem o controle da fronteira entre o eu e o outro. Cabe aqui ressaltar que a revelação de si é compreendida como toda e qualquer informação acerca de si próprio que o indivíduo comunica verbalmente a outra (Cozby, 1973). Consiste num tipo de interação que contém elementos de intencionalidade e privacidade que o distinguem de outras modalidades de interação verbal e não-verbal (Norrel, 1984).

La Taille (1992), através do estudo do falar-de-si, hipotetiza que a criança inicialmente constrói uma fronteira do si-mesmo denominada "fronteira afetiva da intimidade". Essa fronteira afetiva encontra-se baseada nas preocupações infantis relacionadas a sua imagem pessoal geradas pelo sentimento de vergonha. Esta não corresponde ainda a uma fron-

[3] Para Altman (1979) privacidade ocorre a partir de um processo seletivo através do qual os indivíduos controlam a acessibilidade de outras pessoas ao seu eu. É um processo dinâmico e dialético, caracterizado por uma série de mecanismos usados para regular as fronteiras entre o indivíduo e o seu ambiente (físico e social).

teira moral propriamente dita, pois a criança não utiliza parâmetros de reciprocidade, confiança mútua ou lealdade para incluir ou excluir pessoas em suas revelações. É somente entre os 10 e 12 anos que a criança estabelece normas baseadas em termos de concepções de direitos e deveres, embora argumentos relacionados à imagem pessoal sejam utilizados desde os 6 anos para exclusão de certas pessoas do compartilhamento de informações pessoais (mais especificamente a revelação de um delito). Vale a pena lembrar que é em torno dessa faixa etária que os jovens iniciam o estabelecimento de relações íntimas com os pares.

É somente na adolescência que as preocupações com a imagem pessoal e representação de si tornam-se centrais no desenvolvimento do indivíduo. Neste momento, a capacidade de estabelecer relações e refletir sobre as mesmas é essencial ao desenvolvimento da representação de si. Na verdade, o desenvolvimento das concepções de si se constróem principalmente tomando por base as informações recolhidas nas interações sociais, nas quais os indivíduos capturam a si mesmo na expressão de suas opiniões, atitudes e comportamentos. (Bariaud, 1997). Uma das formas de captura acerca de informações acerca de si mesmo são as trocas verbais realizadas pelos jovens.

A Internet está oferecendo um novo ambiente no qual os indivíduos, inclusive adolescentes, podem estar estabelecendo novas formas de comunicação acerca de si mesmos. No desenvolvimento, observa-se que a comunicação acerca de aspectos pessoais (íntimos ou não) pode estar implicada na construção de representações de si. Observamos que alguns autores sugerem que a revelação de si nas salas de bate-papo da Internet é diferenciada da que ocorre no contexto face a face, pois o ambiente virtual seria percebido como um contexto mais controlado e seguro para a expressão de aspectos pessoais (Suller, 1999; Schnarch, 1997). Nós nos questionamos, então, se a Internet estaria realmente propiciando um novo ambiente que comportaria transformações na revelação de si e no estabelecimento da intimidade. Da mesma forma, nós nos indagamos se esse contexto virtual, através das "novas possibilidades do falar de si", estaria permitindo ao adolescente a exploração de papéis diferenciados. Para refletirmos acerca dessas questões, buscamos conhecer o conteúdo das conversas dos jovens, suas percepções acerca das vantagens e desvantagens desse novo meio de comunicação e suas "regras" para a revelação ou não de informações pessoais.

Metodologia

Foram informantes deste estudo 23 adolescentes de classe média, de ambos os sexos (9 meninas e 14 meninos). Os jovens tinham entre 14 e 18 anos e estavam freqüentando o ensino médio regularmente. A maior parte dos estudantes foi recrutada em uma escola particular de Porto Alegre. Outros entrevistados foram contatados através de indicação de pessoas conhecidas da pesquisadora. Devido a dificuldades de encontrar jovens que fizessem uso regular das salas de bate-papo, buscou-se escolas em Porto Alegre que foram indicadas, por jovens inicialmente entrevistados, como ambientes nos quais os alunos participavam ativamente das salas de bate-papo.

Na escola, o recrutamento dos participantes foi realizado através da coordenadora pedagógica, que indicava alunos que ela sabia previamente fazerem algum tipo de utilização das salas de bate-papo. O contato com os alunos foi realizado no corredor entre os intervalos de aula. A coordenadora e a pesquisadora ofereciam uma breve explicação acerca dos objetivos da pesquisa e perguntavam se o aluno aceitava tomar parte. Nem todos os jovens faziam um uso regular das salas de bate-papo no momento das entrevistas. Alguns faziam uso esporádico, contudo já haviam sido freqüentadores regulares das salas.

As entrevistas foram realizadas na sala da coordenadora pedagógica durante o período das aulas. Depois que o aluno consentia em participar da pesquisa e que sua entrevista fosse registrada em audioteipe, era ligado o gravador. A fim de ter acesso às percepções dos jovens acerca de sua utilização das salas de bate-papo, optou-se por utilizar uma entrevista com roteiro tópico flexível, especialmente elaborada para este estudo.

O processo de análise empreendido neste estudo segue a orientação do método fenomenológico descrito por Gomes (1998). A fenomenologia propõe uma descrição da experiência consciente, enquanto percebida pelos indivíduos, especialmente a compreensão dos significados atribuídos a essa experiência (Gomes, 1987). De forma sistemática pode-se dizer que a análise é realizada em três momentos: descrição, redução e interpretação. Cada momento retoma o anterior, questionando e procurando ampliar a compreensão do fenômeno em foco. O primeiro passo, ou descrição fenomenológica, busca descrever a experiência dos informantes de forma direta e não avaliativa. Já o segundo passo, ou redução fenomenológica, busca especificar partes da descrição, identificando aquelas experiências que são essenciais à caracterização do fenômeno estudado. A demarcação do que é essencial ou não se dá através de um esforço reflexivo empreendido pelo pesquisador, que questiona a descrição e redefine, assim, a sua própria compreensão do fenômeno. Por fim, a interpretação tem por objetivo revelar os significados implícitos na redução fenomenológica. Ela busca desvendar aquilo que constitui a visão de mundo do indivíduo, apontando para novas possibilidades de entendimento do fenômeno (Gomes, 1998).

Resultados

Nessa seção, por medidas de economia de espaço, apresentaremos apenas a síntese descritiva fenomenológica geral das entrevistas, pois esta nos oferece subsídios para discussão sobre as questões acima mencionadas.

A experiência dos entrevistados foi diversa no que tange à utilização das salas de bate-papo. Alguns jovens estavam apenas iniciando o contato com esta forma de comunicação, devido à aquisição recente do computador e do acesso à Internet pela família (6 meses). Outros já possuíam uma maior experiência com essa forma de comunicação, utilizando-a por um período mais prolongado (dois, três ou mesmo cinco anos).

A utilização desse meio de comunicação era feita preferencialmente após as 10 horas da noite nos dias de semana e durante o final de semana (sexta à noite, sábado após o meio-dia e domingo o dia inteiro). Os principais motivos apontados para essa forma de utilização foram a redução do custo de utilização da linha telefônica e o tempo livre do qual dispunham nesses períodos, devido à ausência de tarefas escolares. Contudo, alguns jovens admitiram não conseguir restringir seu uso das salas de bate-papo, apresentando prejuízos financeiros (alta conta telefônica) e em suas rotinas diárias (perda da noção de tempo e dificuldades para dormir). Inclusive, alguns jovens relataram a existência de colegas "viciados" que ficam conectados "24 horas" por dia, especialmente quem tem Internet por cabo. Outros admitiram sentir uma "necessidade" de usar essa forma de comunicação. Contudo, essas descrições não contemplavam a experiência da maioria.

Os jovens entrevistados conheciam ou utilizavam três tipos de programas de salas de bate-papo (mIRC, salas de bate-papo gerais – *Webchats* e ICQ)[4]. Os jovens relatavam o uso preferencial do mIRC. No caso da não utilização do mIRC uma das razões apontadas foram os problemas técnicos de acesso (não conseguir baixar o programa da Internet). Entre os jovens que conheciam o mIRC, pôde-se observar que os adolescentes, inicialmente, podiam utilizar as salas de bate-papo gerais (*Webchats*), tipo Terra, UOL etc., até descobrirem aquelas que faziam parte do sistema *Internet Relay Chat* (mIRC). Essa descoberta ocorria, de maneira geral, por indicação de pessoas próximas a suas relações (colegas de escola, primo, irmão). Ao conhecerem e compararem o mIRC às salas de conversação gerais, os jovens preferiam o primeiro, devido às características apresentadas pelo programa, tais como maior número de recursos gráficos e sonoros, maior rapidez na comunicação e, principalmente, porque o mIRC lhes oferecia a possibilidade de interações mais localizadas e restritas ao grupo de pares conhecidos ou possivelmente identificáveis (mesma cidade, escola, faixa etária). O mIRC também era preferido ao ICQ, pois no mIRC, os jovens observam a possibilidade de conversar com diversas pessoas simultaneamente.

---

[4] *Webchat* é um endereço eletrônico (*site*) na Internet no qual as pessoas podem se "encontrar", denominada sala de bate-papo. As salas de bate-papo costumam ser agrupadas por critérios como temas de interesse, idade, opção sexual, etc. O *IRC* é muito parecido com o *Webchat*, contudo ele necessita de um servidor privado, que pode ou não estar conectado a outros servidores privados. O sistema IRC mais utilizado pelos internautas é o mIRC (*message Internet Relay Chat*) . O *ICQ (I seek you)* consiste em um programa mais privativo que o *IRC*, pois possibilita ao indivíduo compor uma lista de pessoas conhecidas com quem conversa usualmente.

De fato, os recursos técnicos do mIRC também interferiram na forma como as relações se desenvolveram nesse meio. O maior número de recursos foi visto tanto como um facilitador da auto-expressão nessa forma de comunicação quanto como um fator de segurança para o desenvolvimento da relação. Recursos que permitem a identificação dos participantes, procedimentos de exclusão de sujeitos que estejam incomodando (xingando, enviando material indesejado) e a própria estrutura hierárquica que classifica os usuários de um canal[5] foram citados como fatores que interferiam nas relações por eles desenvolvidas.

As interações estabelecidas via salas de bate-papo gerais (*webchats*) foram percebidas como mais imaginárias, ilusórias, mentirosas, agressivas e perigosas que aquelas estabelecidas via mIRC. Essas interações também objetivavam mais a busca de um parceiro do sexo oposto, ou implicavam "estar caçando". No entanto, as interações desenvolvidas no mIRC também podiam apresentar essas características, embora em menor grau. Os *chats* foram percebidos como mais anônimos, impessoais e superficiais do que as salas do mIRC. Observou-se que os entrevistados do mIRC não possuíam muito interesse em permanecer anônimos, embora o programa oferecesse esta possibilidade, devido à utilização de apelidos. Na verdade, alguns adolescentes demonstraram interesse em serem reconhecidos pelos outros participantes das salas, tanto nas interações desenvolvidas na Internet como

[5] O mIRC apresenta uma estrutura hierárquica dos usuários, que é expressa da seguinte forma: "*founders*" (são as pessoas que criaram o canal, os responsáveis pelo mesmo, podem realizar qualquer modificação desejada e são eles que distribuem as demais classificações), logo então encontram-se "*ops*" (são os operadores, também possuem certos privilégios no canal, como sugerir o tema, excluir outros participantes), após encontram-se os "*voices*" (que são os participantes gerais). Além disso, os próprios participantes podem desenvolver outras relações estruturadas, como criar uma rede familiar entre os membros da sala.

fora dela. Os apelidos utilizados podiam identificar os entrevistados nos dois ambientes (face a face e no mIRC). Alguns jovens citaram que os participantes do mIRC podiam buscar fama e reconhecimento dos colegas através da utilização deste meio, demonstrando comportamentos agressivos, vangloriando-se de seu número de conquistas afetivas ou obtendo poder de realizar modificações no canal (ter um bom nível hierárquico – ser *founder* ou *op*).

Observou-se que as interações ocorridas no mIRC ou nos *chats* podiam se estender ou não para o contato face a face. Alguns jovens relatavam encontros semanais entre os participantes de determinados canais do mIRC em parques, *shoppings* e festas. Uma jovem relatou que o *chat* temático (Planeta Atlântida) promovia também encontros presenciais entre os participantes. Além dos encontros promovidos pelas próprias salas de conversação, os jovens relataram encontros presenciais entre eles e pessoas que conheciam pela Internet. Geralmente esses encontros eram com pessoas do sexo oposto. Nesse caso, tomavam precauções para a própria segurança, como levar amigos e marcar lugares públicos para efetuação do encontro.

O mIRC foi considerado um facilitador da inserção em grupos fora e dentro da escola. No entanto, também foi percebido como um palco para atritos e agressões, que podiam extrapolar o ambiente virtual e serem concretizados em comportamentos face a face, tais como brigas e insultos. Outros adolescentes observaram que nem todas as relações estabelecidas no mIRC se estendiam para o contexto presencial. Apesar de considerarem que conversavam bastante com alguns colegas de escola (especialmente do sexo oposto) que conseguiam identificar no mIRC e fora dele, o "conhecimento" e o contato face a face com essas pessoas continuava a ser difícil no dia-a-dia, devido a sentimentos de timidez e vergonha, especialmente das meninas.

Conversar com os amigos, conhecer pessoas novas, divertir-se, passar o tempo e "caçar" (arranjar um namorado ou uma namorada) foram as razões apontadas para a utilização das salas de bate-papo. Observou-se que os jovens conversavam preferencialmente com amigos de escola ou usuários freqüentes das mesmas salas do mIRC, pois consideravam essas interações mais interessantes e menos mentirosas que as conversações com desconhecidos. Contudo, eventualmente o faziam com desconhecidos, pois relataram que era mais fácil se comunicar com estes através das salas de bate-papo. O mesmo ocorria com pessoas conhecidas. Os jovens afirmavam sentir-se mais livres para falar; reconhecem que pelo fato de não estar olhando para o outro, os sentimentos de vergonha e timidez encontravam-se diminuídos ou inexistentes. Alguns consideraram que se expressavam melhor através desse meio, conseguindo ser mais autênticos e falando tudo o que estavam pensando e sentindo. Ainda, percebiam como facilitada a ação de realizar e responder perguntas aos colegas, o que muitas vezes não tinham coragem de fazer pessoalmente. Exemplos desta situação, citados pelos adolescentes, foram as conversas estabelecidas entre namorados via mIRC. O mIRC facilitava conversar sobre temas relacionados à própria sexualidade e ao namoro.

Com desconhecidos, o mIRC facilitava a aproximação e permitia à pessoa possuir um conhecimento prévio do outro sem a possibilidade de rejeição como a encontrada no contato face a face, especialmente a gerada pela aparência física. O mIRC foi percebido como um bom instrumento para selecionar amigos, uma vez que possibilitava a escolha dos mesmos por gostos e interesses comuns. Contudo, a interação com desconhecidos podia ser permeada por mentiras, o que gerava o desinteresse por esse tipo de relação. A relação com desconhecidos também foi apontada como possivelmente frustrante, devido às expectativas criadas e o confronto com a realidade que não condizia com essas expectativas. Esses fatores faziam com que a relação com desconhecidos fosse preterida, quando comparadas às realizadas com amigos ou colegas de escola.

Devido à ausência de pistas contextuais, especialmente visuais, os jovens acreditavam que as pessoas mentiam muito para melhorar a imagem pessoal, construindo uma imagem ideal de si mesmas. Porém, foram pouquíssimos jovens que admitiram alterar suas características (físicas, psíquicas ou sociais) na rede. As mentiras, na opinião dos entrevistados, focalizavam-se principalmente em características relacionadas à aparência física e ao *status* frente ao grupo. Era considerado difícil mentir a respeito dos gostos e interesses pessoais, pois esses temas são a base das conversas estabelecidas. De fato, a possibilidade de poder mentir podia ser vista tanto como um fator motivador para o uso do mIRC (por exemplo, foi considerado divertido mentir para um amigo se fazendo passar por uma menina interessada por ele) quanto como o principal fator para o abandono desse meio de comunicação. Também foram poucos os jovens que referiram criar um personagem nas salas de bate-papo.

Os jovens admitiram ser muito difícil saber se o outro estava mentindo, um critério para avaliação da comunicação era a observação da coerência do discurso do outro. Outro critério era o grau de conhecimento ("amizade") que o usuário possuía do outro usuário. Os jovens observavam, ainda, que, dependendo dos objetivos da relação a mentira interferia no seu desenvolvimento. Uma jovem cita que se ela pretende conhecer face a face a outra pessoa, ela deve fornecer informações verdadeiras, caso contrário essa relação já se encontra comprometida.

As conversas estabelecidas no mIRC não pareciam diferir daquelas conversas realizadas com os amigos no cotidiano escolar. Elas versavam sobre as atividades escolares e cotidianas, festas, namoros e temas atuais mais amplos discutidos na sociedade, como eleições, por exemplo. As regras de condução das conversações, assim como as escolhas das temáticas das conversas, da mesma forma não pareciam diferir muito das regras estabelecidas no contexto face a face. Os jovens informaram que algumas pessoas buscavam invadir sua privacidade com perguntas indiscretas. No entanto, temas íntimos eram discutidos no mIRC somente com pessoas que consideravam confiáveis em suas relações face a face (por exemplo, entre melhores amigos ou namorados). Mas o mIRC possuía um diferencial no que se refere as conversas face a face – era percebido como um ambiente facilitador para conversação de alguns assuntos, os quais sentiam-se envergonhados no contexto presencial (como por exemplo: a sexualidade ou interesse por um companheiro do sexo oposto).

A comunicação realizada no mIRC foi em alguns casos comparada à do telefone, sendo considerada mais vantajosa por possibilitar o contato com diversas pessoas ao mesmo tempo, de diferentes locais (cidades ou estados). Entretanto, alguns observam que o mIRC não possibilitava o acesso a outras pistas que a comunicação por telefone permitia, como o tom de voz.

Outras vantagens apontadas para utilização da Internet como meio de comunicação foram: o custo reduzido (quando comparada ao preço de uma chamada interurbana), a possibilidade de "estar" com os amigos quando de um impedimento (pais não deixarem sair, falta de dinheiro) e a comodidade (encontrar-se em seu próprio ambiente, à vontade).

As principais desvantagens apontadas foram: a mentira, a insegurança (possível ação de *hackers* e pessoas mal intencionadas), o comportamento agressivo de alguns usuários. Outros adolescentes não viam nenhum inconveniente nesse tipo de comunicação. Essas desvantagens apontadas levavam ao desinteresse por esse meio de comunicação ("enjôo") e uma redução no seu uso. Além disso, o aumento de atividades escolares e o estabelecimento de uma relação íntima com uma pessoa do sexo oposto (namoro) e a própria posição da outra pessoa em relação às conversas estabelecidas nas salas de conversação (ciúmes) foram citados como fatores para a redução do uso das salas de bate-papo.

Considerações teóricas acerca do uso das salas de bate-papo

Após apresentarmos esse quadro geral do uso da rede pelos jovens, nós nos deteremos em discutir algumas questões que emergem dessa descrição dos dados. Inicialmente, podemos observar que, apesar de se constituir em um dispositivo amplo – salas de bate-papo –, os diferentes programas (mIRC, *Webchat* e ICQ) ocasionam diferentes formas de comunicação, que se apresentam com diferentes níveis de atratividade para os usuários, além de serem utilizados por diferentes tipos de populações. Nossa amostra utilizou preferencialmente o programa mIRC. A preferência pela utilização deste programa se deve às suas características que possibilitam relações mais contextualizadas para os adolescentes, tanto por um dispositivo espacial (salas virtuais de turmas de uma mesma escola) quanto pelo estabelecimento de gostos e interesses comuns. Entrar em uma sala na qual é possível determinar de antemão algumas características dos outros usuários diminui os riscos e ansiedades de se confrontar com um outro muito diferenciado de si, com o qual não é possível intersubjetividade satisfatória; por outro lado, também lhe permite estabelecer antecipadamente uma vinculação mínima com esse outro. Em termos de desenvolvimento adolescente, podemos pensar que se trata de um comportamento esperado, uma vez que os jovens tendem a buscar ambientes e pessoas com os quais se identifiquem, como uma forma de validar suas próprias representações de si.

Além disso, esse trabalho com "características comuns" facilita para o adolescente a imaginação e antecipação de situações possíveis de acontecer na realidade. Nessa situação, o jovem encontra em sua experiência cotidiana, elementos concretos para compreender, fantasiar e elaborar o que lhe é dito pelo outro. Esse tipo de experiência entre iguais parece não exigir um grande esforço cognitivo e afetivo do adolescente. Assim, ela não favorece a exploração ou confrontação do jovem com outras formas de experiências que o levariam a refletir sobre outros aspectos de sua representação de si.

A possível "incapacidade cognitiva" de alguns, aliada à "acomodação" gerada pelo trabalho com elementos habituais (comuns) ao cotidiano dos sujeitos, podetambém ser um fator explicativo da pouca exploração ou criação de papéis realizados pelos adolescentes no contexto da rede. É interessante observar o depoimento de uma jovem de 15 anos que relata ser muito difícil para ela desempenhar o papel de uma moça de 25 anos, antecipando os aspectos de seus pensamentos e experiências. Esse esforço cognitivo, provavelmente, tornava menos divertido o uso das salas para os adolescentes. Além disso, essa relação baseada em mentiras já se encontraria fadada ao fracasso. Os jovens observaram que as mentiras não eram toleradas, especialmente se se pretendia transpor a relação do contexto virtual para o face a face. Cabe lembrar que a diversão e o estabelecimento de novas relações (virtuais ou não) foram os principais aspectos citados para utilização das salas. De fato, os jovens, além de não apresentarem recursos experienciais afetivos e cognitivos para criação de personagens consistentes, podiam se encontrar mais preocupados em revelar seus aspectos pessoais para observar os efeitos dos mesmos sobre os pares. Observamos que o anonimato não foi necessariamente um aspecto buscado entre os jovens que utilizavam a rede. Pelo contrário, o mIRC na escola parecia se constituir em um instrumento para promoção de si entre os pares.

Na verdade, nossas entrevistas nos levaram a pensar que as relações estabelecidas na Internet, através das salas de bate-papo, não pareciam ser tão diferenciadas das estabelecidas face a face nesse momento do desenvolvimento. As salas de bate-papo podem ser utilizadas como um local para o conhecimento de pessoas, inicialmente no contexto virtual, que provavelmente se estenderá às relações face a face, ou como um outro "local de encontro" para os adolescentes que já se conhecem. Nesse sentido, as salas geram um prolongamento do grupo de pares no ambiente familiar. O jovem não necessita sair de casa para estar com os pares.

Apesar de algumas modificações, alguns autores como Tyler (2002) reconhecem que a Internet, através de seus recursos tecnológicos, parece estar criando maneiras novas e mais eficientes de realizar velhas coisas mais do que realmente estar transformando a vida social das pessoas. Ela está sendo incorporada a velhas formas de comunicação e nos casos do estabelecimento de novas relações, os indivíduos muitas vezes buscam transpô-las para o contexto presencial.

Os jovens utilizavam as salas de bate-papo como um recurso para se comunicarem com pessoas conhecidas, de forma semelhante ao telefone, ou então buscavam encontrar pessoas com características similares, que podiam facilmente integrar-se em suas vidas cotidianas. A Internet não parece estar transformando os relacionamentos sociais, nem a revelação de si íntima, como o suposto, pelo menos não para todos os seus usuários.

A revelação de si na rede foi realizada de maneira superficial, como ocorre nas relações face a face iniciais. Em princípio, são dados a conhecer ao outro aspectos periféricos do eu que permitem a escolha dos parceiros. Contudo, aspectos mais privados e sensíveis só são revelados, se o são, a pessoas de confiança de suas relações face a face.

Os jovens aplicaram em suas conversas virtuais as mesmas regras para a revelação de si e estabelecimento da intimidade que as utilizadas nos contextos presenciais. Eles realizavam um processo seletivo, como descrito por Altman (1979), e regulavam os níveis de intimidade estabelecidos com os outros através de fatores cognitivos e afetivos, como indicados por La Taille (1992). Os usuários selecionavam o nível de acessibilidade de outras pessoas a seus aspectos íntimos a partir da avaliação do grau de confiança que depositavam nesse outro, e das conseqüências da revelação das informações a serem reveladas para suas imagens pessoais. O anonimato, ou distanciamento físico simplesmente, não garantira a segurança ou confiança no parceiro de interação.

Os jovens, ao pensarem em realizar revelações na rede, avaliavam diversas condições similares ao do contexto face a face. Eles observaram: quem era a pessoa-alvo que iria receber essas informações (esta era confiável ou não? era capaz de guardar as informações recebidas ou não?); quais eram seus objetivos ao realizar a revelação (por exemplo, revelar-se para também receber informação do amigo, do namorado); os conteúdos a serem revelados (se eram íntimos ou não); as conseqüências que as revelações poderiam acarretar à imagem pessoal; e os fatores contextuais (se o canal era público ou privado, e mesmo quando privado qual era a possibilidade de um usuário mais experiente estar observando a comunicação).

De fato, a revelação de si na rede tendia a tratar de conteúdos periféricos do eu, pois os objetivos principais eram o divertimento e a auto-apresentação para o estabelecimento de novas relações. Vimos que, embora se encontrem diminuídas as preocupações com a imagem pessoal na rede, elas não foram completamente abandonadas. Os jovens demonstravam preocupações com as informações oferecidas no mIRC, especialmente porque, sob a proteção do anonimato, pessoas conhecidas das relações face a face podiam buscar informações pessoais que podiam ser utilizadas contra o próprio usuário. De certa forma, o anonimato, neste caso, foi percebido mais como um fator de insegurança do que o contrário, pois estabelecia uma condição unilateral na qual o revelador não é anônimo, mas o receptor o é.

As relações anônimas não parecem ser muito propícias à revelação íntima de si, pois, afinal, é interessante receber apoio de alguém quando julgamos e reconhecemos o mérito desta pessoa, considerando a sua opinião como válida para nós. Neste sentido, o outro só é significativo quando este outro representa algo afetivamente importante para o indivíduo. Na situação da rede, nas condições de anonimato, o outro não se encontra qualificado, pois é percebido como um qualquer que pode tanto falar a verdade como mentir.

O aspecto que mais parece afetar a revelação de informações sobre si é a ausência de contato olho no olho. Os adolescentes reconhecem ser mais fácil falar sobre determinados assuntos na rede, porque o fato de não estarem sendo vistos pelo outro de certa forma atenua suas preocupações com a imagem pessoal. Ou seja, os jovens se sentem menos expostos e vulneráveis às avaliações e reações dos outros do que estariam em um contexto face a face.

A ausência do olhar e da presença física do outro faz com que o adolescente, provavelmente, se concentre mais nos seus conteúdos internos que serão expostos. Contudo, esse fato pode ter também um outro efeito prejudicial no desenvolvimento. A relação com o outro e a intimidade podem perder o seu caráter socializador de estabelecimento de intersubjetividade, a partir da consideração de pontos de vista diferenciados. Os adolescentes podem centrar-se apenas em suas necessidades, considerando pouco as reações do outro aos seus comportamentos.

De fato, podem encontrar-se mais preocupados em falar de si e serem aceitos naquele momento. Neste sentido, o estabelecimento de uma relação de intimidade autêntica também se encontra prejudicada por preocupações mais egocêntricas. A verdadeira intimidade implica uma capacidade empática de vinculação e de descentração (colocar-se no lugar do outro), o que não parece ocorrer em certas situações na Internet.

Ainda, é interessante observarmos outro fenômeno descrito por alguns jovens que nos levam a pensar em um certo egocentrismo. Algumas vezes, especialmente quando o outro os contradizia ou então emitiam opiniões negativas acerca de aspectos pessoais de sua representação de si, os jovens questionavam a validade e mérito desse outro para a emissão de sua opinião. Frases como "Quem é ele para falar isso?" ou "O que ele sabe de mim, para dizer isso?" acabavam por desqualificar a opinião do outro acerca do si mesmo.

Outro movimento que os jovens realizavam para avaliar se consideravam a opinião do outro ou não acerca de sua própria experiência ou representação de si era, justamente, estabelecer uma reflexão empática do outro. Os jovens lembravam que, se eles podiam mentir ou brincar em suas conversações na rede, o outro poderia fazer o mesmo.

Para finalizarmos, gostaríamos de ressaltar que as conversas nas salas de bate-papo podem, de fato, estar levando a novas formas de relacionamento; contudo, predominantemente, elas parecem se constituir em uma nova maneira de realizar velhas atividades. Alguns dos aspectos inovadores desse meio de comunicação, tais como anonimato e distanciamento físico não estão sendo percebidos como tão interessantes, pois geram relações frágeis e descontextualizadas. As conversas estabelecidas nas salas de bate-papo não estão oferecendo modificações importantes no falar de si de adolescentes ou no estabelecimento de sua intimidade. A revelação de si não está ocorrendo de forma mais rápida e profunda do que ocorreria na situação presencial, nem é realizada com regras diferenciadas desse contexto. Da mesma forma, não se observa uma exploração importante de aspectos diferenciados na representação de si dos que ocorreriam no contexto face a face. Podemos pensar que, para a ocorrência de modificações importantes nas relações, além de condições materiais, os indivíduos necessitam de recursos afetivos (motivação) e cognitivos para apropriação desse novo instrumento de comunicação que é a Internet

Referências

Altman, I. (1979). Privacy as an interpersonal boundary process. In: M. Von Cranack, K. Foppa, W. Lepenies & D. Ploogs (Orgs.), *Human ethology: Claims and limits as a new discipline* (p. 95-132). Cambridge University Press e Paris: Editions de la Maison des Sciences de L'Homme.

Bariaud, F. (1997). Le développement des conceptions de soi. In: Rodrigues-Tomé, H. (Org.). *Regards Actuels sur l'adolescence.* (p. 48-76) Paris: Presses Universitaires de France

Bargh, J. A.; McKenna, K. Y. A. & Fitzsimons, G. M. (2002). Can You See Real Me? Activation and Expression of the "True Self" on the Internet. *Journal of Social Issues*, 58, p. 33-48.

Berton, P. (2000). *Le culte à l'Internet.* P.U.F: Paris

Campos, I. V. (2001). *Os nicks nas salas de chat (bate-papo).* Recuperado em 07 jan. 2003: www.pucsp.br/clinica/salachat.html

Cozby, P. C. (1973). Self-Disclosure: A literature Review. *Psychological Bulletin*, 79 (2), p. 73-91.

Dihel, E. K. (2001). *A virtualização da identidade no ciberespaço: a interatividade dos cibernautas em salas de conversação da Web.* Dissertação de Mestrado do Programa de Pós-Graduação em Psicologia Social e da Personalidade da Pontifícia Universidade Católica do Rio Grande do Sul, Porto Alegre.

Drotner, K. (1999). Internautes et Joueurs. La Nouvelle culture des loisirs chez les Jeunes Danois. *Réseau*, 92-93, p.133-72.

Erikson, E. (1971). *Identidade, juventude e crise.* (A. Amado, Trad.) Rio de Janeiro: Zahar. (Originalmente publicado em 1968).

Ibope (2000). *8ª Pesquisa.* Recuperado em 05 set. 2002: www.ibope.com.br/digital/produtos/internetpop

Griffits, M. D. (2000). Excessive Internet use: Implications for sexual behavior. *Cyberpsychology and Behavior*, 3, p. 537-52.

Griffits, M. D. (1997). Children and Internet. *Media Education Journal*, 21, p. 31-3.

Gomes, W. B. (1998). A entrevista fenomenológica e o estudo da experiência consciente. In: W. B. Gomes (Org.), *Fenomenologia e pesquisa em psicologia* (p. 19-44). Porto Alegre: Editora da Universidade/UFRGS.

Gomes, W. B. (1987). As aplicações sociais da pesquisa qualitativa. *Psicologia: Reflexão e Crítica*, 2, p. 32-42.

Gros, E.; Juvonen, J. & Gable, S.L. (2002). Internet Use and Well-Being in Adolescence. *Journal of Social Issues*, 58, p. 75-90.

Kraut, R.; Patterson, M.; Lundmark, V.; Kiesler, S.; Mukopadhyay, T. & Scherlis, W. (1998). A social Technology that Reduces Social Involvement and Psychological Well-Being? *American Psychologist*, 53, p. 1017-31.

Lajoie, J. (1998). Les moteurs de recherche du réseau Internet comme indicateurs des besoins intimes. *Révue Québécoise de Psychologie*, 19, p. 207-29.

Lamb, M. (1998). Cybersex: research notes on the characteristics of the visitors to online chat rooms. *Deviant Behavior: an Interdisciplinary Journal*, 19, p.121-35.

La Taille, Y. (1992). Construção da Fronteira da Intimidade: A humilhação e a vergonha na educação moral. *Cadernos de Pesquisa*, 82, p. 43-55.

La Taille, Y.; Bedoin, G.; & Gimenez, P. (1991). A construção da fronteira moral da intimidade: O lugar da confissão na hierarquia de valores morais em sujeitos de 6 a 14 anos. *Teoria e Pesquisa*, 7 (2), p. 91-110.

Leon, D. T. & Rotunda, R. J. (2000). Contrasting Case Studies of Frequent Internet Use: Is It Pathological or Adaptative? *Journal of College Student Psychoterapy*, 14, p. 9-18.

Merkle, E; R; & Richardson, R. (2000). Digital Dating and Virtual Relating: Conceptualing Computer Mediated Romantic Relationships. *Family Relations*, 49, p. 187-92.

Nicolaci-da-Costa, A. M. (1998). *Na malha da rede: os impactos íntimos da Internet*. Rio de Janeiro: Campus.

Norrel, E. J. (1984). Self-disclousure: Implications for the Study of

Parent-Adolescent Interaction. *Journal of Youth and Adolescence*, 13, p. 163-78.

Rodriguez-Tomé, H. (1972). *Le moi et l'autre dans la conscience de l'adolescent*. Neuchâtel: Delachaux & Niestlé .

Sanders, C. E.; Field, T. M.; Diego, M. & Kaplan, M. (2000). The relationship of Internet Use to Depression and Social Isolation among Adolescents. *Adolescence*, 35, p. 237-42.

Schnarch, D; (1997). Sex, Intimacy, and Internet. *Journal of Sex Education Therapy*, 22, p. 15-20.

Suller, J. (1999). *The Boys just Wanna Have Fun? Gender-switching in cyberspace*. Recuperado em 04 fev. 2001: www.rider.edu/users/suler/psycyber/genderswap.html

Steinberg, L. D. (1996). *Adolescence*. New York: McGraw-Hill.

Turkle, S. (1995). *Life on the Screen: identity in the age of the Internet*. New York: Toutchstone.

Tyler, T. R. (2002). Is the Internet Changing Social Life? It Seems the More Things Change, the More They Stay the Same. *Journal of Social Issues*, 58, p. 195-205.

Weisberger, C. (2000). Meeting Strangers in Cyberspace and Real-Life: A comparison of Initial Face-to-Face and Computer-Mediated Interaction. *Paper presented at the Annual NCA Meeting*, Seatle, Washington, November 2000.

Wysocki, D. K. (1998). Let Your Fingers Do the Talking: Sex on an Adult Chat-line. *Sexualities*, 1, p. 425-52.

Zimmerman, P. (1987). A Psychological comparison of computer-mediated and face-a face language use among severely disturbed adolescents. *Adolescence*, 22, p. 827-40.

Sobre os Autores

Ana Cristina Garcia Dias é doutora em Psicologia pelo Programa de Pós-Graduação em Psicologia Escolar e do Desenvolvimento Humano da Universidade de São Paulo. Docente no Centro Universitário Franciscano, UNIFRA Santa Maria e na Universidade Regional Integrada do Alto Uruguai e das Missões, URI Campus/Erechim.

Anegreice Valério é mestre em Psicologia da Educação pela Pontifícia Universidade Católica de São Paulo e doutoranda na mesma universidade.

Gaïd Le Maner-Idrissi é doutora em Psicologia pela Universidade de Rennes2, na França, e docente na mesma universidade.

Irene Franciscato é mestre e doutora em Psicologia da Educação pela Pontifícia Universidade Católica de São Paulo. É docente nas Faculdades Oswaldo Cruz e na Faculdade de São Bernardo do Campo.

Jean Emile Gombert é doutor em Psicologia pela École des Hautes Études en Sciences Sociales, Paris (França). Diretor do Centre de Recherche en Psychologie Cognition et Communication de l'Université de Rennes 2 (CRP2C-EA 1285)

Maria Isabel da Silva Leme é doutora em Psicologia pela Universidade de São Paulo e docente no Instituto de Psicologia da Universidade de São Paulo.

Maria José dos Santos é doutora em Psicologia da Educação pela Universidade Católica de São Paulo e docente no Campus Avançado da Universidade Federal de Goiás.

Maria Regina Maluf é doutora em Psicologia pela Universidade de Louvain (Bélgica), professora titular da Pontifícia Universidade Católica de São Paulo e professora associada do Instituto de Psicologia da Universidade de São Paulo.

Michel Deleau é doutro em Psicologia pela Universidade de Paris VIII (França) e professor na Univesidade de Rennes2.

Nathalie Marec-Breton é doutora em Psicologia pela Universidade de Rennes2, na França, e professora no curso de Psicologia da mesma universidade.

Sara Del Prete Panciera é psicóloga, mestre em Psicologia da Educação pela Pontifícia Universidade Católica de São Paulo e doutoranda no Programa de Pós-Graduação em Psicologia Escolar e do Desenvolvimento Humano da Universidade de São Paulo.

Simone Ferreira da Silva Domingues é mestre em Psicologia da Educação pela Pontifícia Universidade Católica de São Paulo e doutoranda na mesma universidade. É docente na Universidade Cruzeiro do Sul.

Stéphanie Barbu é doutora em Psicologia e docente em etologia humana na Universidade de Rennes1, na França.

Yves de la Taille é mestre e doutor em Psicologia pela Universidade de São Paulo e Professor Associado na mesma universidade.